中小学教育法
热点问题研究

段海峰 ◎ 著

RESEARCH ON THE HOT ISSUES OF
PRIMARY AND
MIDDLE SCHOOL EDUCATION LAW

中国社会科学出版社

图书在版编目(CIP)数据

中小学教育法热点问题研究 / 段海峰著 . —北京：中国社会科学
出版社，2015.7
ISBN 978 – 7 – 5161 – 6475 – 4

Ⅰ . ①中… Ⅱ . ①段… Ⅲ . ①中小学 – 教育法 – 研究 – 中国
Ⅳ . ①D922.16

中国版本图书馆 CIP 数据核字(2015)第 152595 号

出 版 人　赵剑英
责任编辑　任　明
责任校对　王　影
责任印制　何　艳

出　　　版　中国社会科学出版社
社　　　址　北京鼓楼西大街甲 158 号
邮　　　编　100720
网　　　址　http：//www.csspw.cn
发 行 部　010 – 84083685
门 市 部　010 – 84029450
经　　　销　新华书店及其他书店

印刷装订　北京市兴怀印刷厂
版　　　次　2015 年 7 月第 1 版
印　　　次　2015 年 7 月第 1 次印刷

开　　　本　710 × 1000　1/16
印　　　张　11.5
插　　　页　2
字　　　数　195 千字
定　　　价　58.00 元

序　言

　　社会环境的变化直接催生新的时代命题。在教育法领域同样出现了新问题、新趋势；梳理教育法热点问题，探究其蕴含的困境与问题，寻求对热点问题的理性认识，对丰富理论与实践具有重要意义。

　　本书分别从学生和教师两个维度对中小学阶段热点教育法问题进行研究。学生方面主要包括：在城乡二元社会结构下，大量农村人口涌向城市造成的随迁儿童受教育权如何从法律层面得到平等保护；频发的校园侵权行为对学生造成伤害后，如何明确归结学生、学校与政府三者责任，从而合理解决纠纷并进行有效的预防；专门针对具有争议性的中小学生隐私权进行研究，旨在通过立法保护其隐私权，协调隐私权与教育管理权的冲突；当学生权利受到伤害后，如何构建合理有效的救济制度等。

　　基于教师方面的研究主要从以下几个方面展开：当中小学教师的合法利益受到侵害后，如何建构保障教师合法权益的法律保障；针对实行中小学教师聘任制改革后出现的一些新问题，如何借鉴世界经验破解这些难题，提出建议性对策；在教育法律法规明确禁止体罚的背景下，教师如何凭借有效方式，惩戒学生，促使其健康发展等。

　　由于自身知识背景、时间的限制，书中难免出现疏漏之处，真诚地希望各位专家学者批评指正。

作者

2014 年 5 月

目 录

第一章

随迁子女受教育权平等法律保护研究

第一节　随迁子女的受教育不平等现状及基本理论概述

一　随迁子女受教育不平等现状

改革开放以来，随着国家放开对人员流动的限制，以及地域与城乡之间各方面发展不均衡等原因，大量农村劳动力涌进各大中小城市。2000年人口普查数据显示，全国流动人口数量超过 1 亿人；《2005 年全国 1% 人口抽样调查主要数据公报》显示，流动人口数量达到 1.4 亿人；2008年《第二次全国农业普查主要数据公报》显示，农村外出就业劳动力达到 1.3 亿多人。人口流动是一个社会发展的常态，甚至是社会欣欣向荣、朝气蓬勃的标志。但是，大量人口迁移也对现行的社会管理体制提出了诸多挑战。随着举家迁徙的数量逐渐增多，流动人口中适龄儿童的数量也在逐步增大。

根据《2005 年全国 1% 人口抽样调查主要数据公报》显示，14 周岁及以下流动儿童占全部流动人口的比重为 12.45%，根据 1.4 亿人的基数，流动儿童达到 1834 万人，其中户籍为农业户口的占 76.5%，达到 1403 万人，而其中 6—14 岁义务教育阶段学龄儿童占 61.37%，达到 861万人。如此庞大的义务教育适龄儿童的流动无疑给既有的义务教育管理体制带来一系列问题，也给城市义务教育的发展规划、学校的布局等带来冲击。

在现行的城乡二元结构下，城乡教育差距巨大。加之现有户籍制度的影响与制约，义务教育阶段随迁儿童的教育状况不容乐观，大量的学龄儿童在流动迁移过程中失学，没学可上，无校可进。2000 年普查结果表明，在全国适龄流动儿童中，"未上过学"的所占比重为 4.0%，上过学后又辍学的比重为 0.8%，两者相加为 4.8%。① 2005 年，在全国适龄流动儿童中未按要求接受义务教育的流动儿童占 4.35%。② 如何保障农民工随迁子女能够完整地、有质量地接受义务教育，也成为关系我国实现普及义务教育目标与教育公平的重大课题。

随迁子女是流动儿童的一部分。《流动儿童少年就学暂行办法》中将流动儿童定义为：6—14 周岁（或 7—15 周岁），随父母或者其他监护人在流入地暂时居住半年以上有学习能力的儿童或少年。根据《中华人民共和国义务教育法》（以下简称《义务教育法》）的规定："凡年满六周岁的儿童，其父母或者其他法定监护人应当送其入学接受并完成义务教育；条件不具备的地区儿童，可以推迟到七周岁。"《2005 年全国 1% 人口抽样调查主要数据公报》中以 14 周岁及以下作为指标统计了流动儿童数量。因此，随迁子女的年龄阶段主要分布在 6—14 周岁。随迁子女主要是指随父母或者其他监护人在流入地居住半年以上的农村户籍，6—14 周岁义务教育适龄阶段儿童。

为了解决义务教育阶段随迁子女受教育问题，政府相继出台了一系列政策文件，确立了解决随迁子女的教育问题"以流入地区政府管理为主，以全日制公办中小学为主"的原则，但是在实践中，农民工随迁子女在城市接受义务教育面临着诸多困难。一方面，由于我国义务教育阶段实施的是"地方负责，分级管理"的体制，城市中小学校只能满足本地区学龄儿童的入学需求，地方教育经费有限、学校有限、教师有限等使得中小学校，即使是想也没有能力吸收过多的随迁子女就学；另一方面，即使在普及城市义务教育的今天，义务教育阶段的借读费被取消，但是学校基于经费紧张等原因，仍然会以捐资助学等名义向学生收取各种费用，无形当中成为随迁子女入学的经济门槛，难以逾越。最后，民办打工子弟学校（简易学校）的校园环境、师资力量、教学条件设备等无法达到国家或地区的建校条件，面临被取缔的危险，即使是合法的简易学校，其教学水平与质量也同样令人忧心。总结起来，随迁子女受教育不平等主要表现在以下几个方面。

---

① 段成荣等：《我国流动儿童状况》，《人口研究》2004 年第 1 期。

② 中国进城务工农民子女教育研究及数据库建设课题组：《中国进城务工农民随迁子女教育研究》，教育科学出版社 2010 年版。

1. 入学机会不平等

入学机会不平等主要表现在以下方面：随迁儿童与城市儿童享有的教育机会不均等。接收随迁子女入学主要以流入地的全日制公办中小学为主，但是由于受到户籍、父母经济条件及随迁子女自身学习能力等方面因素的制约，其进入中小学校困难重重。民工子弟学校办学条件较差，教学环境恶劣，且大多数办学地点偏僻，位于城乡接合部，校舍面积小，光线不足，有些甚至是借用民房；学校基础设施欠缺，体育器械和教育教学实验设备明显不足；消防设施不完善，存在巨大的安全隐患。据调查数据显示，北京、上海、广州等大城市随迁子女进入中小学校的比重分别为63%、49%和34.6%。这一比重远远低于世界其他国家随迁儿童进入公立学校的比重。

2007年，国务院妇女儿童工作委员会办公室等单位针对流动儿童受教育情况曾展开调查。调查结果显示，"农民工随迁子女中的在学者占总量的90.7%，一直未上学者占6.85%，失学者占2.45%，后两者合计显示流动儿童失学率高达9.3%。6周岁流动儿童未入学的比例高达92.1%，6周岁未上学的占6周岁组流动儿童的46.9%，9周岁和10周岁还在上小学一、二年级的占相应年龄流动儿童的19.7%和4.6%……13周岁和14周岁还在小学就读的占相应年龄流动儿童的31.5%和10.0%"[①]。

随迁儿童中男童和女童入学机会也存在一定程度的不平等。进城务工子女的父母大多数来自农村，进城后大多从事建筑业、服务业等脏、苦、累等职业，由于工作条件、居住条件及思想观念等方面的限制，往往无法正确认识教育对子女的重要意义，传统的重男轻女思想，使得一些女孩子的教育得不到应有的重视，造成一定程度的失学现象。

2. 教育过程不平等

随迁子女在进入公立学校就读后，在受教育的过程中也面临着一系列不平等。《关于进一步做好进城务工就业农民子女义务教育工作的意见》明确规定在评奖励、入队入团、课外活动等方面，学校要做到随迁子女与城市学生一视同仁，学校要加强与随迁子女学生家庭的联系，及时了解学生思想、学习、生活等情况，帮助他们克服心理障碍，尽快适应新的学习

---

① 吴霓、丁杰、邓友超：《你在他乡还好吗——关于进城务工就业农民子女义务教育问题的调研》，《中国教育报》2004年8月30日。

环境。而在现实中，随迁儿童却在学习过程中无法获得公平评价，在评奖励、课外活动等方面受到一定歧视。

有些学校专门针对随迁子女设置了民工子弟班，并在学号上和城市学生进行区别，选择一些教学素质差的老师承担班级的日常教学及管理工作，这些人为的贴标签行为严重影响了随迁子女的正常学习，造成教育过程的不平等。

再者，由于父母工作性质的因素，学生的居住地经常变动，转学、回家、再转学等情况频繁发生，特别是跨省市的转学给随迁子女的学习带来困扰，不同地区使用的教材不同，难易程度不同，直接或者间接加大了学习难度。据调查数据显示，随迁子女半数以上都有转学经历，在转学 3 次及 3 次以上的比例中，大城市最高，中等城市最少。在被调查的随迁子女中，除 36.1% 的学生上学之后没转过学外，其余学生大多有过转学经历。30.9% 的学生转过 1 次学，14.8% 的学生转过 2 次，10.7% 的学生转过 3 次，曾转过 3 次以上的高达 7.5%（见图 1-1）。[1]

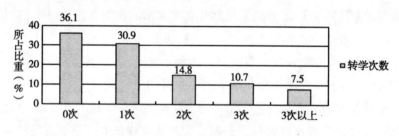

图 1-1　转学学生所占比重

3. 教育结果不平等

教育在人的发展过程中发挥着重要作用。舒尔茨的人力资本理论认为人力资源是一切资源中最主要的资源。教育投资是人力投资的主要部分，教育是提高人力资本最主要手段，所以也可以把人力投资视为教育投资问题。生产力三要素之一的人力资源显然还可以进一步分解为具有不同技术知识程度的人力资源。受教育水平越高，获得的报酬就应该越多，对社会的贡献越大。

不同的教育机会势必导致不同的教育结果。由于户籍的限制，随迁子女

---

①　中国进城务工农民子女教育研究及数据库建设课题组：《中国进城务工农民随迁子女教育研究》，教育科学出版社 2010 年版。

不能在流入地参加高考，顺利接受高等教育，而必须回到户籍所在地参加高考。随迁子女大多数来自四川、河南与安徽等人口大省，在现行的高考体制下，人口大省的招生名额本来就少，随迁子女在流入地接受高中教育后，不得不返回流出地高考，考上重点学校的机会渺茫，直接影响学生的发展。

二　随迁子女受教育不平等的原因

在我国城乡差别巨大的背景下，随迁子女教育不平等问题是困扰我国教育公平的重要因素，造成这一问题的既有制度原因，又有现实因素，归纳起来主要表现在以下几个方面。

1. 户籍制度的限制

我国城乡的二元结构，城市和农村在经济实力、教育条件等方面存在巨大差别，城市人口优先农村人口享受各种优质资源。按照现有制度规定，户籍是随迁子女获得学籍的重要条件之一，城市户籍子女可以在城市接受教育，随迁子女无法拥有城市户籍，因而无法享受城市居民接受教育的资格。

高考制度中规定在招生录取过程中，依照现有户籍标准进行，这就导致城市户籍考生和农村户籍考生在接受高等教育机会中的不公平。城市户籍考生接受高等教育机会的比率要高于农村户籍学生，这就造成随迁子女受教育权不平等的问题。

2. 流入地政府和流入地公立学校责任缺失

围绕保障随迁子女受教育权，教育行政部门出台了一系列政策，确立了"以流入地为主，以公立学校为主"的基本原则，但是在实践中，由于流入地政府的地方保护主义和教育行政部门的不作为行为，直接导致随迁子女的上学难问题。

现行政策没有明确流入地政府在承担随迁子女入学方面的具体责任，部分政策存在不同程度的泛化，流入地政府不同部门之间相互推诿，不作为的现象时有发生，使得随迁子女不能进入公立学校接受教育。

流入地公立学校也不愿意接受随迁子女入学。首先，流入地政府责任缺失，造成接受随迁子女教育能力不足。公立学校学费主要靠政府财政性经费拨付。中小学主要采取学区制，要优先接收本学区范围内的义务教育阶段适龄儿童，部分学区儿童较多，教育资源本来有限。政府没有专门针对随迁子女教育为公立学校提供经费，学校现有财力不足以承担其教育费用，限制随迁子女接受教育。其次，随迁子女流动性较大。农民工随迁子女随着父母工作变化而迁徙，大多数需要中途入学，这些学生学习基础较弱，学习能力不足，各个学校出于提高自己升学率和减少办理学生转学手续的原因，不愿意接受随迁子女入学。最后，由于随迁子女受所处生活环境、父母教育能力等方面影响，在人际交往、融入班集体活动等方面存在缺陷，往往造成一定程度的教育困难。

3. 随迁子女家庭及生活环境的局限

由于随迁父母本来教育水平不高，思想观念较为落后，在一定程度上存在重男轻女、不重视子女受教育的现象。据有关资料显示，从随迁子女入学比例来看，女童入学率要低于男童入学率，女童的入学并未得到应有的重视。随着文凭贬值，有些父母认为读书无用，对子女教育投入较少，只是保障基本学习生活，并不给予额外投入，这就造成随迁子女在教育背景、学习能力等方面的不足，与城市学生拉开了差距。

由于随迁子女主要跟随父母居住，但是父母居住环境较为复杂，人口密集，学习环境较差，无法保障其正常学习，加之城市学生对随迁子女的歧视，影响随迁子女的学习质量。

4. 民办学校尚未取得合法地位

由于制度、父母背景条件的限制，随迁子女进入公立学校接受教育存在很大阻力，进入民办中小学校成为大部分随迁子女的选择。这些民办学校大多由私人投资兴办，在资金支持、场地规模及教师配备等方面存在不足，按照《民办教育办学条例》的相关规定，这些学校无法取得法人地位，属于违法学校。无法取得办学资格，其在招收教师、取得社会支持等方面便显得不足。取得教师资格的教师不愿意到民办学校工作，从根本上制约了这些学校的教学质量，造成学生素质较低，无法顺利获得接受高等教育机会。

5. 法律救济途径不健全

司法救济是保障法律平等的重要方面，但是目前法律尚未对随迁子女受教育权平等进行专门立法，并构建有效的救济途径，当随迁子女受教育权受到侵害后无法取得相应的法律救济，受教育权平等无法得到保障。教育具有公益性。在西方国家，为了保障弱势群体的受教育权，专门进行立法，并设置专门机构，通过教育公益诉讼等方式实现对弱势群体受教育权的救济。

在我国，随迁子女具有特殊性，加之在一定程度上存在城市学生歧视农村学生的事件，所以随迁子女在自己的合法权益受到侵害时，会因为法制观念的缺失、无法承受相应诉讼成本等原因，无法向法院提起诉讼。

三　随迁子女受教育权平等理论概述

1. 受教育权的内涵

康德认为"人只有靠教育才能成为人"，教育对人的发展发挥着重要作用。随着社会进步，国家必须承担教育的责任，必须保障儿童接受最低限度教育，帮助公民获得独立参与社会的最低条件和基本能力。受教育权是公民的一项基本权利。《中华人民共和国宪法》（以下简称《宪法》）第46条明确规定："中华人民共和国公民有受教育的权利和义务。"如何定义受教育权，不同的学者基于不同的研究视角，对其进行了不同的定义。

有些学者从受教育者享有权利的角度定义。受教育权是指公民有在各类学校、各种教育机构或通过其他途径学得文化科学知识，提高自己的科学文化业务水平的权利。[1][2] 有人认为，受教育权是指达到一定年龄，并且具有接受教育能力的公民，有从国家和社会获得文化教育的机会和物质帮助，从而进入学校和其他教育设施，学习科学文化知识的权利。[3] 有人认为，受教育权是指个人在国家和社会创建的各类学校、教育机构等学习文化等方面的知识，以提高生存和发展能力的权利。有人认为，受教育权是指公民作为权利主体依照法律、法规的规定，具有接受教育的能力和资格。[4] 有人认为，受教育权是指公民有通过学校和其他教育设施和途径，学习科学文化知识和专业技能，提高文化素质、政治素质或业务水平的权利。[5] 这些定义都强调受教育权的权利属性。

有些学者从受教育者与国家权利与义务的角度，认为受教育权是指公民依法享有的要求国家积极提供均等的受教育条件和机会，并通过学习使

---

[1] 李步云：《宪法比较研究》，法律出版社1998年版，第541页。

[2] 劳凯声：《变革社会中的教育权与受教育权：教育法学基本问题研究》，教育科学出版社2003年版，第181页。

[3] 姜小川：《宪法》，中国人民公安大学出版社1999年版，第163页。

[4] 韩德培、李龙主编：《人权的理论与实践》，武汉大学出版社1995年版，第615页。

[5] 谢鹏程：《公民的基本权利》，中国社会科学出版社1999年版，第110页。

人的德智体等全面发展，以获得平等的生存和发展机会的基本权利。① 受教育权属于公民的基本人权，是公民为自身利益，要求国家一定行为的权利，是公民从国家那里获得均等的受教育的条件和机会的权利。② 这种定义强调了国家对公民受教育权应承担义务。

有的学者从人权的角度定义受教育权。认为受教育权是人权实现的前提，不受国家或者宗教的干涉，每个人在受教育的选择上有完全的自由，儿童由父母或者监护人代行这种自由权，国家有责任尊重父母确保教育符合他们各自的宗教和哲学信念的权利。③ 在受教育的选择上，公民有完全的选择自由，这就暗含了受教育权平等这一本质。

结合以上的定义，受教育权首先是一种权利，这种权利的实现需要国家承担一定的义务，同时公民具有平等选择教育的自由。因此，本书将受教育权定义为：公民要求国家提供均等的受教育条件与机会，从而培养生存与发展能力的权利。

2. 受教育权的外延

有人认为，受教育权主要包括受教育机会权、受教育条件权和获得公正评价权三项内容。④ 有人认为流动儿童的受教育权主要包括受教育机会权、受教育条件权、学习成功权、人格尊严不受侵害权、申诉和控告权。⑤ 有人认为，受教育权的基本内容是受教育机会获得权、受教育条件获得权、公正评价获得权、受教育平等权、受免费教育权、受教育自由权。⑥ 公民受教育权的具体内容应包括四个大的方面：受教育机会平等权、受教育自主决定权、受教育环境权和受教育救济权。这四个方面缺一不可，同时每个方面又包含了众多具体的权利，从而使《宪法》规定的公民受教育权构成了一个层次繁杂、内容丰富的有机整体。⑦

不同学者的不同划分都有一定的道理，结合以后研究的需要，本书认为受教育权主要包括受教育机会权、受教育过程与受教育结果等三个主要

---

① 李庆涛：《论平等受教育权》，硕士学位论文，山东大学，2007 年。
② 劳凯声：《教育法论》，江苏教育出版社 1992 年版，第 92 页。
③ 熊文钊：《少数民族受教育权保护研究》，中央民族大学出版社 2010 年版，第 204 页。
④ 王震：《农民工受教育权立法保障初探》，硕士学位论文，中共中央党校，2006 年。
⑤ 张立云：《论流动儿童受教育权》，硕士学位论文，山东大学，2008 年。
⑥ 李潇潇：《论公民受教育权的宪法保障》，硕士学位论文，西南政法大学，2008 年。
⑦ 李龙刚、银小贵：《论公民受教育权内容的有机构成》，《法制与经济》2007 年第 7 期。

方面。

3. 受教育权平等

我国现行的法律未对受教育权平等进行明确的规定，不同的学者提出了各自的看法。有人认为，受教育权平等在法律上的表现和意义就是法律主体可以主张的受教育权的平等权利。[①] 有人认为，受教育权的平等主要指受教育权的机会平等。[②] 詹姆斯、科尔曼提出了颇具代表性的观点——"教育机会均等"。他认为，判定教育机会是否平等可以根据以下四个标准进行：进入教育系统的机会是否均等；参与教育的机会是否均等；教育结果是否均等；教育对生活前景机会的影响是否均等。

瑞典教育家胡森关于受教育权平等的理论得到了大家的认可。他认为受教育权的"平等"主要包括"机会平等论""过程平等论""结果平等论"三种理论形态：第一是公民起点平等，人生而平等，每个人都有开始接受教育的机会；第二是过程的平等，在受教育的过程中，不同性别、身份、种族的人都以平等为基础，公平学习；第三是指结果的平等，就是使学生获得学业成就的机会平等。

教育机会平等主要是指在同一个国家内，无论经济条件、宗教信仰、男女性别、种族与地域等条件的限制，公民均等获得接受教育机会。教育机会均等是受教育权平等的基础，国家必须保障为适龄儿童提供均等教育的机会。义务教育具有强制性、普遍性等特征，按照我国《宪法》等相关法律规定，凡年满六周岁的儿童必须进入学校接受义务教育，这是保障受教育权平等的法律依据。

教育过程平等主要是指在受教育的过程中，以平等为基础配置教育资源。教育资源主要包括教育经费、教师、教学内容及教育基础设施等方面。教育资源平等是受教育权平等的关键。由于我国教育资源的限制，财政性教育经费普遍投入不足，加之城乡差别较大，使得教育资源配置严重不公平。随迁子女从流出地进入流入地，教育资源配置严重不均等，与农村相比，城市教育资源配置具有较大优势，因此，保障随迁子女受教育权平等的关键在于教育资源配置。

教育结果公平是指通过教育获得发展的机会平等，但这种平等并不是

---

① 龚向和：《受教育权论》，中国人民公安大学出版社 2004 年版，第 100 页。

② 高淑贞：《论受教育权》，博士学位论文，吉林大学，2007 年。

无差别的平等，而是在受教育者学习能力、社会背景等方面因素共同影响下的相对平等。教育结果具有差别平等性质。

第二节　保障受教育权平等的世界经验

鉴于教育在提高人口素质、促进地区经济发展等方面的重要作用，国际组织、不同国家都为保障公民受教育权作出了努力。1948 年《世界人权宣言》规定：法律面前人人平等，并有权享受法律的平等保护，不受任何歧视，人人都有受教育的权利，教育应该免费，至少在初级和基本阶段应该如此，初级教育应属义务性质；技术和职业教育应该普遍设立。高等教育应该根据成绩对一切人平等开放。1966 年联合国大会公布的《经济、社会、文化权利国际盟约》第 13 条明确规定：各种形式的中等教育、高等教育应以一切适当办法对一切人平等开放。这些国际条约为保障公民受教育权平等提供了方向与原则。世界上各个国家都通过一系列措施，保障各自公民受教育权平等。接下来选取美国、日本两国分别作为判例法系与大陆法系代表进行介绍。

一　美国保护受教育权平等的措施及经验

美国的教育行政制度分为联邦、州与地方三级，基本上采取地方分权的原则，州政府是各地教育领导者、地方学区是教育政策的执行者，联邦政府处于辅导与咨询的角色。美国作为世界移民国家，不同种族的人群混居，不同州与州之间的迁徙不断，为了保障弱势群体接受教育的权利，美国联邦政府和地方政府采取了一系列措施，旨在保障弱势群体平等享受受教育权。

1. 构建完善的法律体系

法律具有强制性的特征，为问题的解决提供制度保障，构建完善的法律体系是解决问题的重要措施之一。联邦政府和州政府都制定了相对完善的教育法制，来保障弱势群体受教育权平等，具体来说主要体现如下：在立法方面，美国不注重教育法规体系形式上的严谨性，而是从需要出发制定了单行单项法律，并形成了联邦与州两级较完备的成文法体系。

1968 年，美国《教育法》明确规定：为每个公民提供接受高质量教育的机会，不论其种族、肤色、宗教信仰、原国籍、社会阶层如何。提高学校为下列各类学生提供平等机会的职责：英语会话能力有限的学生、妇女及社会地位、经济状况或者教育条件不良的学生。

美国宪法第十四条修正案规定："任何一州不得制定或实施限制公民自由的特权或豁免权的任何法律；不经正当法律程序，不得剥夺任何人的生命、自由或财产；在州管辖范围内，也不得拒绝给予人以平等的法律保护。"其中对平等保护权的规定是："任何州不得对在其管辖下的任何人拒绝给予法律的平等保护。"

甚至为了保障学校的性别平等，保障女性受教育权平等，美国相继制定了《同工同酬法》《教育第九编修正案》《妇女教育平等法》，旨在保障女性在学校中的比例，获得接受高等教育机会，确保女性就业水平，改善女性的经济地位。通过这些法律的实施，女性受教育机会得到保障，获得就业机会。因此，通过立法手段，针对专门问题进行立法，对于解决随迁子女受教育权平等具有重要意义。

2. 肯定性行动计划的实施

在美国，公立中学的教学质量普遍低于私立中学，少数族裔和低收入家庭往往进入公立学校读书。这些学生在接受高等教育、获得工作机会等方面明显劣于私立学校的学生，但是政府为了保障弱势群体受教育权平等，使其能够顺利接受高等教育，获得工作机会，采取了一系列举措。

1961 年总统肯尼迪签发了 10925 号行政命令，开展实施"肯定性行动"，文件中规定：在申请联邦政府的职位或者争取联邦政府的合同时，所有人不分种族、肤色、信仰或民族血统，享有平等的机会。

美国国会于 1964 年通过了《公民权利法》，并在此基础上制定了一系列被统称为"肯定性行动"的法律，规定少数族裔和弱势群体在招工、入学、企业竞争中受到"优先照顾"。

肯定性行动的实施，极大地提高了弱势群体接受高等教育的机会，曾任美国驻华大使骆家辉就得益于这项行动才能进入耶鲁大学政治系学习，从而促进了社会公平。从这一行动取得的效果来看，进行弱势补偿是保障随迁子女受教育权平等的另一重要经验。

3. 教育券制度的实施

教育券制度是美国保障教育平等的又一重要措施，著名经济学家米尔顿·弗里德曼在 20 世纪 60 年代提出，教育券是政府把本应该直接投入到公立学校的教育经费，以面额固定的有价证券的形式直接发放给学生或者家长，学生可以自由选择政府认可的私立或者公立学校就读，不受区域限制，教育券可以全部或者部分冲抵学费。学校凭收到的教育券到政府部门兑换教育经费，有效解决了不同地域之间学生流动产生的问题。

1990 年美国威斯康星州密尔沃基市开始实施教育券制度；1995 年俄亥俄州的立法机构批准克利夫兰市实施教育券项目，1996 年起正式推行；1999 年，佛罗里达州议会批准了美国第一个全州性的教育券实施计划。①

二　日本保障受教育权平等的经验

日本属于典型的大陆法系国家，与我国法律体系较为相似。为了保障落后地区和弱势群体的受教育权，日本政府相继出台了《关于国家援助就学困难儿童和学生的就学奖励的法律》，构建了通过国家直接财政预算的形式，直接补助经济困难的学生；《偏僻地方教育振兴法》规定了国家和地方公共机构应该为援助偏僻地方教育提供支持。特别是，日本在保障公民受教育权平等上明确受教育权平等范围，实行免费义务教育等方面的做法同样值得我们借鉴。

1. 明确受教育权平等范围

日本《宪法》第 14 条中规定："一切国民在法律面前一律平等。在政治、经济以及社会的关系中，不得因人种、信仰、性别、社会身份及门第不同而有所差别。"这就从立法上确立了公平权利平等性的性质，为受教育权平等奠定了基础，指明了方向。

日本《宪法》第 26 条第一款规定："全体国民，按照法律规定，都有依其能力所及接受同等教育的权利。"《教育基本法》规定："所有国民必须均有与其能力相适应的受教育的机会，不因人种、信条、性别、社会身份、经济地位或门第在教育上有差别。"这些法律条文直接确立受教育权平等原则，并且认识到公民受教育权平等并不是一刀切式的、无差别的平等，而是与公民能力相一致的有差别的平等。

日本教育法中关于受教育权平等的明确规定，从法律上对受教育权平等区分，避免了我国相关法律中界定不清的问题，为保障受教育权平等提供了法律保障。

---

① http://baike.baidu.com/view/1652361.htm.

2. 实施免费义务教育制度

日本历来重视教育的作用，特别是针对基础教育的义务教育阶段投入巨额经费。日本《宪法》第 26 条第二款规定："全体国民，按照法律规定，都有使受其保护的子女接受普通教育的义务。义务教育无偿。"免费义务教育保障了公民受教育权平等。

重视教育公平是日本教育发展的重要经验。日本实行义务教育阶段免费制度，义务教育阶段教育经费全部由政府财政支持，其中包括教职工工资、基础建设费用、日常行政经费及学生的作业本和书本费，所有学校的资源配置完全一样，教室面积、餐厅、医务室、计算机教室等一应俱全。

为义务教育阶段适龄儿童提供均衡的教育资源，就可以有效避免不同地域之间的学生流动，更不会产生受教育权不平等问题，当然，结合我国实际，不可能为所有儿童提供绝对均衡的义务教育条件，但是应该根据各地经济发展水平，建立相对公平的教育资源配置体系，缩小农村学生与城市学生教育资源配置差距，使得农村学生也具备较好的学习环境，可以有效避免随迁子女的流动，从而有利于从根本上解决这一问题。

在世界范围内，社会不均等导致的教育不均等属于普遍现象。教育事业具有公共性，特别是义务教育更是国家必须给予保障实施的教育，美国、日本等国通过教育立法、进行弱势补偿等系列措施，对缩小我国受教育权平等差距具有重要的借鉴意义。

第三节　构建随迁子女受教育权平等的法律保障

社会对教育公平的呼声越来越高，结合我国实际构建符合国情的随迁儿童受教育权平等保护制度已成为时代的要求。《山东省普通高校考试招生制度改革实施意见》的公布引起社会的极大关注。有些教育学者认为异地高考势必实施，其实施将给随迁子女在流入地接受高等教育提供机会，更多随迁子女将涌入城市。如果随迁子女受教育权平等问题得不到解决，势必影响教育公平，所以迫切需要从立法、行政、司法等环节，构建完善的法律保障机制。

一　随迁子女受教育权平等立法保护

1. 修订相关法律，明确受教育权平等基本问题

我国法律体系属于大陆法系，法律以成文法的形式存在，经过几十年的发展逐渐形成了以《宪法》为根本大法，《教育法》为基本法，《义务教育法》为主要内容的完善教育法律体系。《中华人民共和国教育法》（以下简称《教育法》）第 9 条规定："中华人民共和国公民有受教育的权利和义务。公民不分民族、种族、性别、职业、财产状况、宗教信仰等，依法享有平等的受教育机会。"与西方欧美判例法系相比，受教育权条款只是从原则方面进行界定，比较抽象，没有明确界定受教育权平等的地域限定，致使在实践中随迁子女受教育权平等无法在法律上得到有效保障。所以，应该从立法上明确受教育权平等的内涵、加大财政支持及明确流入地政府责任等方面进行规范。

（1）明确受教育权平等内涵。应该修订现有法律，从《宪法》和法律上确定随迁子女进城的合法性，保障其在流入地顺利接受高等教育，具体来说，首先要修订《宪法》，增加迁徙自由的条款，为进城务工人员及其子女进城奠定合法基础，并增加禁止歧视内容，将一般平等原则作为《宪法》的基本原则；接着修订《教育法》，将第 9 条修订为：中华人民共和国公民有受教育的权利和义务。公民不分民族、种族、性别、职业、财产状况、地域、宗教信仰等，依法享有平等的受教育机会。最后，废除《中华人民共和国户口登记条例》，打破现有的城乡二元格局的户籍管理制度，制定与迁徙自由相适应的户籍条例。

（2）从法律上确立流入地责任。现有政策法律对流入地政府的责任规定不明，造成流入地政府有意推诿。一般来说，流入地政府处于较发达城市，可供支配的财政性收入较多，教育资源丰富。首先，应该规定在流入地政府设立专门机构保障随迁子女在流入地接受教育。在职能上以接受随迁子女入学为主，机构应该享有专门拨款权利，统筹本地区随迁子女教育问题。其次，厉行禁止针对随迁子女的"借读费""赞助费"。随迁子女父母经济收入较低，难以承担额外费用，应该在法律中明确规定，降低随迁子女进入中小学读书门槛，并禁止收取任何费用，随迁子女教育过程中产生的费用应该由教育行政部门统筹解决。最后，改变以往高考制度中的户籍限制，改为对居住时间的限制。现行的基于户籍制度的高考制度严

重制约了随迁子女接受高等教育的机会。应该从立法上改革现有制度，将随迁子女进入流入地学习时间作为主要考核指标，其在流入地接受一定时间的教育后，就拥有和城市户籍学生平等接受义务教育的机会。

（3）立法加大财政支持。随着随迁子女人口不断增多，对流入地教育资源形成较大压力。从整体来看，我国教育资源投入不足，造成了一系列问题。因此，应该从立法上加大对教育的投入，专门安排教育经费保障随迁子女顺利接受教育，经费投入应该通过项目管理的方式，对资金投入金额、项目实施及后续监督等方面进行规定，提高资金使用效率，从根本上保障随迁子女受教育的权利。

2. 完善立法技术，提高相关法律的一致性与科学性

一直以来，立法技术的滞后严重制约着教育法制建设。针对随迁子女受教育权中暴露出的问题，应该从审查修订现有法律、确立对弱势群体补偿及提高教育法律可操作性等方面提高立法技术，提高教育法律的一致性与科学性。

经过几十年的发展，我国教育法律体系得到了长足发展，就专门针对受教育权保护等方面，已经出台了系列法律法规，但是这些法律法规在立法主体、法律主要内容及法律实施等方面都存在不同的规定，有的甚至是上下级别的、法律部门之间的法律存在矛盾和冲突的部分。这就迫切需要对现有的教育法律进行审查和整理，去除不同法律之间的矛盾部分，提高法律的一致性，避免各种教育政策与法律的冲突。

确立弱势补偿原则。现实中随迁子女在接受教育过程中处于劣势，在流入地接受教育过程中，从入学机会、获得奖励及教育结果等方面都处于弱势地位，有时候甚至受教育权难以得到保障，成为失学儿童。因此，应该借鉴美国在保障弱势群体受教育权平等上采取的肯定性行动的有益经验，从立法上确立弱势补偿的原则，有针对性地提高随迁子女进入中小学校、接受高等教育及获得就业机会等方面的比例。

提高教育法律的可操作性。当随迁子女受教育权无法得到保障时，公民无法从法律中获得如何保障自己受教育权利的办法。

3. 履行国际人权法中教育权平等义务

受教育权被称为第三代人权，各种国际条约均给予了足够的重视，我国政府历来重视参加国际组织的活动，积极承担国际义务，现阶段签署的有关受教育权的国际条约主要有《消除对妇女一切形式歧视公约》（1980

年加入)、《消除一切形式种族歧视国际公约》(1982 年加入)、《儿童权利公约》(1992 年加入)、《经济、社会、文化权利国际公约》(2001 年加入)等,这些条约都直接或者间接将人人享有受教育的机会作为其重要内容。

国际人权条约的基本作用是为缔约国创设法律义务,我国加入这些条约意味着教育法的内容应该体现条约的主要内容,因此,应该通过制定法律,切实保障公民实现受教育权平等。当然在履行国际人权法中的义务时,应当针对我国的具体情况,区别对待,并不是直接转化为我国法律条款,而是应该有步骤、分层次地制定相应立法计划,将国际条约内容转化到教育法律体系中,最主要的是国家对义务教育阶段适龄儿童受教育权平等义务。

二　随迁子女受教育权平等的执法保护

执法是保障受教育权平等的关键环节。现行法律实践中,教育纠纷发生后,无法得到及时处理,现实中随迁子女受教育权无法得到真正落实的原因很大一部分在于有法不依,有法难依,这就需要加强教育纠纷执法,构建具有可操作性的教育申诉制度,切实加强对受教育权的执法保护力度。

1. 加强教育纠纷执法

为了保障随迁子女受教育权,政府相继出台了主要包括《流动儿童少年就学暂行办法》《中国儿童发展纲要 (2001—2010 年)》《关于基础教育改革与发展的决定》《关于做好农民进城务工就业管理和服务工作的通知》《关于进一步做好进城务工就业农民子女义务教育工作的意见》等政策,确立了"以流入地政府管理为主,以全日制公办中小学为主"的准则,但是部分公立学校巧立名目,通过隐性形式收取巨额的择校费等,给随迁子女进入公立学校读书设置了障碍。针对这种情况行政执法部门应该加强执法,治理其中存在的教育腐败,为随迁子女进入公立学校读书扫清障碍。

在执法的过程中,要注意程序合法性。程序合法是现代法制的重要表现,这就要求行政执法机关在处理相关案件的过程中要依据现有的法律法规,完善行政执法程序,提高行政执法能力。另外,异地高考即将实施,将会有越来越多的随迁子女进城,到流入地进行高考,有必要在适当的时候，在教育行政部门专门设立专门机构，对随迁子女进入中小学校读书进行监督，监督公立学校在为随迁子女提供入学机会、学习过程及获得学业评价等方面存在的不公平现象，并及时给予纠正，真正将保障随迁子女受教育权平等落实到实处。

2. 构建具有可操作性的教育申诉制度

按照申诉制度的主体可以分为教师申诉制度和学生申诉制度。《中华人民共和国教师法》只是规定了教师对学校或者其他教育机构侵犯其合法权益的，或者对学校或者其他教育机构作出的处理不服的，可以向教育行政部门提出申诉，教育行政部门应当在接到申诉的30日内作出处理。由于各方面条件的限制，学生的申诉制度尚处在初级阶段，尚未对其进行专门界定，应该探索建立学生申诉制度。

对适用对象、申诉的范围、申诉的期限、申诉管辖、申诉原则与程序等方面进行科学而又全面的界定，为保障学生受教育权提供法律保障。结合教育的性质与学生群体的特殊性，应该采取校内申诉与行政申诉相结合的形式，有效保障学生受教育权。健全的学生申诉制度主要包括以下几个方面。

（1）组建学生申诉处理委员会。委员会主要由教育专家、法律专家及政府申诉机关工作人员构成。多元的主体参与学生争议案件的处理旨在保障申诉处理的合理性与科学性。在相关省市的学生申诉办法中已经出现了这一规定。

（2）明确学生申诉的受案范围。根据现有法律，凡学校作出的决定或者行为侵害学生的法定权益的，学生都可以进行申诉。根据现有的实践，主要包括学校取消学生入学资格、退学、不合理的违纪处分决定及其他侵犯学生法定权利的行为，都可以提出申诉。另外，在学校尚未履行法定职责，从而侵犯学生正当权利的行为，都可以进行申诉。

（3）规定申诉的时效和处理期限。原则上对学生申诉处理要尽可能从快，但也要考虑申诉处理机构的实际工作能力与学生申诉处理能力。结合行政申诉时效与处理期限，学生申诉的时效与处理期限为30个工作日，学校在作出处理文书时应该在明确的位置标明申诉时效与处理期限，超过诉讼时效的申诉不予处理。

（4）制定完善的申诉程序。学生申诉的程序主要包括学生向申诉处理委员会提出书面申请、委员会审核申请的合理性与科学性、作出裁决等三个主要环节。

三　加强随迁子女受教育权平等的司法保护

受教育权纠纷进入司法程序已经被实践与理论所证明。受教育权纠纷、入学与升学纠纷、退学和开除学籍纠纷等早已出现在我国的教育司法实践中，不同的专家学者也对《教育法》《义务教育法》可诉性进行了广泛探讨，从理论上分析了其合法性。

在有关受教育权的纠纷中，判断选用行政诉讼或者民事诉讼，主要根据主体之间法律关系进行界定。大体上学生与教育行政机关等发生纠纷，在法律关系上属于一般行政法律关系，两个主体逐渐处于不对等关系，需要提起行政诉讼；受教育者与父母或者其他监护人之间基于教育权发生纠纷，属于民事法律关系，需要提起民事诉讼；受教育者与其他社会机构和个人发生纠纷，属于平等主体之间法律关系，需要提起民事诉讼。为了保障随迁子女受教育权平等，现有研究构建出以下司法救济途径。

1. 构建违宪审查制度

受教育权是《宪法》赋予每个公民的基本权利。在行政诉讼与民事诉讼无法给予受教育权完整的救济保障时，宪法诉讼救济是保障受教育权平等的最后防线。结合世界经验构建违宪审查制度对于保障随迁子女受教育权具有重要意义。

有学者将世界上的违宪审查制度归纳为以下三种模式：一是俄罗斯的权力机关审查模式，主要由国家最高权力机关审查；二是美国式的司法审查模式，采用这一模式的大多是英、美判例法系国家；三是专门机构违宪审查模式，专门设立独立于立法、行政和司法机关之外的第四个机构行使违宪审查权，主要是宪法法院监督或者宪法委员会监督。①

我国实行人民代表大会制度，全国人民代表大会及其常务委员会是国家最高权力机关，享有立法权。根据权力机关审查模式，全国人民代表大会及其常务委员会享有对《宪法》的监督权，对违反《宪法》的行为进行审查，保障《宪法》规定的基本权力。但是自己在制定法律的同时又监督法律的实施违反"自己不能做自己案件法官"的基本原则，势必在司法实践中产生系列问题，实际上，我国在宪法监督方面取

---

① 邱刚：《论我国作为宪法权利的受教育权的司法救济》，《理论观察》2007 年第 4 期。

得的成就也是不成功的。全国人民代表大会只是每年召开一次会议，开会的时间较短，人民代表的精力有限，往往无法进行对某一具体危险问题的司法审查。另外，我国法律体系属于大陆法系，与欧美判例法系存在一些质的不同，不能盲目照搬欧美判例法系的司法审查制度。因此，我国只能采用专门机构违宪审查模式，构建符合我国国情的违宪审查制度，保障包括受教育权在内的各种基本权利。

综合考虑现行政治制度、司法实践的具体情况，不可能专门设立独立于立法、行政与司法等部门的第四种机构。我国现有的法院中主要分为基于《民法》的民事庭、基于《刑法》的刑事庭与基于《经济法》的经济庭负责民事纠纷、刑事纠纷与经济犯罪等方面问题，尚缺乏专门针对《宪法》的宪法法庭，这就可以在最高人民法院和地方各级法院中设置专门审理宪法案件的宪法法庭，主要解决针对侵犯公民宪法权利进行的诉讼，主要包括行政部门的具体行政行为与其他抽象行政行为，侵犯公民受教育权等宪法基本权利的行为。

当随迁子女及其父母认识到自己受教育权受到侵犯时，可以将纠纷向人民法院提起诉讼，相关法庭在查明纠纷的真相后，在适用法律时，随迁子女及其父母认为法官提出的适用某项法律或某一条款不合适，认为其不符合《宪法》的规定或者是法官发现某项法律或某一条款不符合《宪法》的规定，那么法官将案件交由宪法法庭对审理案件的法律或条款作合宪性审查，实现对公民受教育权的救济。

2. 探索教育公益诉讼制度

由于我国缺乏相应的公民文化，所以公益诉讼未得到充分发展，教育公益诉讼更处于初始阶段。教育公益诉讼是指由特定国家机关、社会组织和公民个人等依据相关法定程序，对违反教育法律法规而给公共教育利益造成事实上或潜在损害的行为，向法院提起诉讼，由法院依法追究违法者法律责任的司法活动。教育公益诉讼并不是保障受教育权救济途径的新途径，而是针对现有诉讼实践中无法可依的情况，扩大有关教育民事诉讼与行政诉讼的原告范围，利用社会力量基于教育公益，向法院提起诉讼，有效制止和纠正侵犯受教育权的行为，保障受教育者的受教育权。

在国外，《俄罗斯联邦教育法》确立了国家教育管理机关直接针对学校教育机构提起教育公益诉讼的法律资格。巴西1996年制定的《国家教育方针与基础法》肯定接受基础教育的权利是可诉的，同时除受教育者本人以外的任何公民、公民团体、地方社团、工会组织、学生团体甚至检察院等均可作为原告提出要求实现此项权利的公益诉讼。[1]

教育公益诉讼是一般公益诉讼制度在教育诉讼中的特别适用。[2] 教育公益诉讼原告可以是受教育者、学校、教师、家长、教育行政部门或者其他行政部门、社会团体、检察机关等。教育公益诉讼的适用范围包括：教育收费、招生录取等教育政策违反教育法律、法规的规定；义务教育阶段划分重点班；家长、学校或者教育行政部门不履行义务教育法规定的义务；政府有关部门在学校规划选址、教育经费划拨等方面未依法履行职责等。[3]

为了防止公民个人、社会团体对公益诉讼权的滥用，给法院带来不必要的诉讼成本与负担，应该设置教育公益诉讼前置程序，与案件无直接利害关系的特定机关、公民、社会团体，在基于教育公共利益提起诉讼时，应该先向检察机关举报，如果举报后检察机关不予立案，那么上述主体具备原告资格，可以向人民法院提起教育公益诉讼。

教育公益诉讼应该设定特别规则。一是原告诉讼权利特别保护原则。基于教育公益的诉讼，一般与原告利益无直接关系，法院应该对原告采取特别保护原则，主要包括免交诉讼费等。二是实行举证责任倒置原则。在一般的侵权案件中，原告负责举证，但是在教育公益诉讼中可以尝试实行举证责任倒置，原告提出侵权事实后，被告负责举证自己的行为未对原告造成损害或者没有不履行法定的义务。

随迁子女及其父母在流入地属于弱势群体，由于思想观念、认识水平的限制，大部分父母及其监护人没有能力、没有时间向流入地政府提起基于自身受教育权被侵害的教育公益诉讼，这就需要社会公众人物、媒体等基于公共利益向人民法院提起诉讼，旨在保障随迁子女受教育权平等。

---

① 范履冰：《我国教育公益诉讼制度的建构探析》，《现代法学》2008 年第 5 期。

② 颜运秋：《公益诉讼理念研究》，中国检察出版社 2002 年版，第 5 页。

③ 范履冰：《教育权法律救济研究》，法律出版社 2008 年版。

第二章

中小学校园事故的责任认定与预防

校园事故频发给中小学生人身安全造成损害，如果不能合理解决纠纷，将会给师生关系、学生与学校关系造成损害，从而影响正常的教学秩序。因此，如何认定校园事故所引起的法律纠纷中各责任主体的责任、归责的原则及承担责任的方法，是当前教育法亟待解决的重要课题。

第一节　中小学校园事故的法律责任基本问题分析

一　学校与学生法律关系的界定

厘清学校与学生之间的法律关系，是研究未成年人学生伤害事故中学校法律责任的逻辑起点[①]。学生与学校之间存生着何种样态的法律关系，这直接决定了学校在校园伤害事故中所承担的法律责任的性质。然而，当前的相关法律法规都没对此进行过明确的规定，而学者们对这二者间的法律关系性质的认知也是莫衷一是，但总结起来主要有以下几种观点。

1. 基于民法理论的"监护关系说"

"监护关系说"是基于监护责任的维度来阐释学生与学校二者间的法律关系的。持存这种观点的学者们认为：鉴于未成年人尚不具有完全的民事行为能力，故必须为其配置监护人。当然，学生在家时其父母为其监护人，而当这些未成年人步入学校时，监护人就难以完全践履其监护职责了，为了确保被监护人的人身等安全，故需要学校替代监护人在监护人不能或未能很好践履其监护职责的情况下，保障这些未成年人的人身安全。

---

① 邹敏：《未成年学生校园伤害事故中的学校民事责任——兼评 2010 年 7 月 1 日起实施的〈侵权责任法〉之相关规定》，《首都师范大学学报（社会科学版）》2010 年第 6 期。

也就是说，当这些未成年人步入学校时，其在学校的监护责任就自然转移到学校身上了，而学校也就成了这些未成年学生的监护人，就要践行监护职责，以确保这些未成年学生的人身等安全问题。

"监护关系说"理论与学校的特殊社会功能相匹配，并具有一定的合理性，能在一定程度上解决学校肩负保障学生安全的义务等问题。然而，"监护关系说"也存在着一些法理层面的梗阻。如《中华人民共和国民法通则》（以下简称《民法通则》）第 16 条和《关于贯彻执行〈中华人民共和国民法通则〉若干问题的意见（试行）》就规定，只有父母、爷爷、奶奶、兄姐、亲密关系的其他亲戚、朋友、居委会、村委会、民政部门可以成为未成年人的监护人，而其他任何组织和个人都不能担当监护人这一角色。这样一来，学校就不具备此种法律意义上的监护人资格了，即不在指定监护人之列了①。此外，《民法通则》还规定，无过错责任原则适用于监护人，且我国 2010 年 10 月 1 日正式颁布施行的《中华人民共和国侵权责任法》（以下简称《侵权责任法》）则明确规定学校所承担的法律责任适用过错责任原则。

2. 基于平等主体的"契约关系说"

"契约关系说"是基于民事法律关系平等性的维度来阐述学生与学校二者间法律关系样态的。"契约关系说"认为：学生与学校二者间的法律关系理应建基于平等、自由、自主、自愿原则之上，为顺利有效地开展教育教学实践活动，实现教育目的而缔结达致的一种教育契约。在这种教育契约的导引下，学校对学生的所有基于契约而引发的行为进行管理，学生则应自愿接受学校的相关管理约束，以期最终践行教育目的②。

"契约关系说"凸显学生与学校二者间的平等关系，这有利于打破传统上由学校一方专职管理的不良局面，给予学生和家长参与管理的机会，这样做同时也非常有利于建立平等和民主开放的学校教育机制，以及促进培养有现代民主精神的合格公民的教育目标的实现③。然而"契约关系说"过于凸显学生与学校二者间的平等性，却在一定程度上忽视了教育作为公益性事业的基本特征，这样就把学校视为企业了，不符合我国的

---

① 劳凯声：《中小学生伤害事故及责任归结问题研究》，《北京师范大学学报（社会科学版）》2004 年第 2 期。

② 孙平：《学校与学生之间的法律关系研究》，《教育与职业》2007 年第 9 期。

③ 同上。

国情。

　　3. 基于特别关系理论的"特别权力关系说"

　　"特别权力关系说"是建基于大陆法系中的"特别关系理论"来阐述学校与学生二者间的法律关系的。大陆法系传统的公法习惯于将公法上的权力关系划分为一般的权力关系和特别的权力关系。在我国,学校等事业单位法人与其使用者之间的关系在理论维度上隶属于特别权力关系范畴。尽管教育法在规定学生与学校二者间的某些方面有些类似于特别权力关系的某些方面,但这种关系界定却存在显著的弊端和局限,并在当前的学校体制改革发展中引发了不少问题。在当前的教育改革中,政府逐步放权,而学校则在办学自主权层面获得了更多的权力和自主,且学校也明确了其民事法律的地位。在不少情况下,学校已不再以行政权力行使者的身份出场。并且,鉴于不能清晰地界定特别权力强制利用的边界,这样一来不仅难以有效地调节学生与学校二者间的关系,也致使一系列的纠纷频发。此外,倘若将学生与学校二者间的关系界定为特别权力关系,同样也会引发一系列纠纷,如学校特别权力的合法性、非公立学校是否能使用"特别关系权力理论"。因此,"特别权力关系说"也不能用来解释我国学生与学校二者间的法律关系。

　　4. 基于公法性质的"教育法律关系说"

　　我国现有的《教育法》和《未成年人保护法》等相关法律法规明确规定学校对未成年学生身心等方面有监护的权利义务,这样一来学生与学校二者间就建构起一种被教育与教育、被管理与管理的关系样态。并且这种关系是一种特殊的、具有公法性质的法律形态,建基于教育关系而形成的一种公权关系,也就是教育法律关系。教育法律关系的发轫是建基于相应的教育法律法规的存生或颁发施行的,是由教育法律法规所认定、调整的,表现为特定教育主体之间的权利和义务关系的一种特殊的社会关系范畴。学生与学校二者间的关系,多建基于《教育法》,其既有别于教育行政关系,也有别于民事法律关系,是一种全新的、自足的、综合性的法律关系。教育法律关系特别强调对学生合法权利的保护,当未成年学生的合法权利遭到侵害时,要根据学校是否尽责来判定学校是否应当承担相应的责任。

二　归责的基本原则

　　明晰不同情况下所应遵守的归责原则,是确定校园事故中学校应承担责任的前提和基础。我国 2010 年 10 月 1 日起颁发施行的《侵权责任法》打破了传统法律对学生伤害事故处理办法的相关规定，将被侵权责任人的年龄因素纳入归责的构成要件中去，并对学校的侵权责任作了具体规定，对于幼儿园、学校或者其他教育机构的侵权行为规定了过错推定责任原则和过错责任原则；此外还规定由于幼儿园、学校或者其他教育机构未尽到管理职责而致使学生的人身受到第三方侵害时，应承担相应的补充原则①。

1. 过错推定责任原则

所谓过错推定责任原则，是指在法律有特别规定的场合，基于损害事实本位来推定加害人有过错，并据此确定造成他人伤害的行为人赔偿责任的归责原则②。在过错推定责任过程中，诉诸举证责任倒置的路径，倘若行为人未能提出合理抗辩的事由来证明自己的清白，那么其将被推定为犯有过错，并要按相关规定承担相应的民事责任。

当前我国的法律规定，凡未满 10 周岁的学生均为民事行为能力人，而这部分人主要为幼儿园及小学四年级以下的学生。《侵权责任法》第 38 条对于无民事行为能力人受到侵害的学校责任，适用过错推定原则做了明确的规定，并指出无民事行为能力在学校或其他教育机构学习、生活期间倘若受到人身侵害，学校或相关教育机构应当承担相应的责任。学校等教育机构主张无过错的，应适用举证倒置原则，证明学校自身无过错，倘若未能澄明自己的清白，则要承担相应的侵权责任，反之，则无须承担责任。

然而现实中，在学生伤害事故中，学校澄明自己无过错是非常困难的，并且学校的相关教育建设经费都是由国家拨付的，倘若学校还要拿这部分有限的经费来支付赔偿的话，势必会影响到学校的正常运转，这无形中就加重了校方的责任负担，进而影响到国家教育事业的健康、可持续发展。鉴于此，有必要对过错推定原则的适用范围加以限定才行，将其限定在"无民事行为能力人"之内，这样一来才能更符合现行学校的实际情况。

---

① 劳凯声、陈希：《〈侵权责任法〉与学校对未成年学生的保护职责》，《教育研究》2010年第 9 期。

② 杨立新：《侵权法论》，中国人民大学出版社 2005 年版。

2. 过错责任原则

所谓过错责任原则，是指在法律有特别规定的情形下，将业已发生的过错视为价值判断标准，对与该损害结果有因果关系的行为人，不问其有无过错，都要承担侵权责任赔偿的归责原则①。《侵权责任法》第 39 条规定，由于学校没有尽到应有的教育管理职责而导致限制民事行为能力的学生（我国法律规定，凡 10 周岁以上至 18 周岁以下的学生均为限制民事行为能力人，一般来说，这部分学生主要集中在小学四年级以上的学生中）在学校遭遇人身侵害时，学校或相关教育机构要承担相应的过错责任；但倘若学校或教育机构也已尽到相应职责，则其免于承担相关赔偿责任。

然而现实中，我国的教育具有浓郁的公益性质，学校是作为非营利机构存在的，而一旦学校发生学生伤害事故而让学校承担全部赔偿责任的话，这显然是不符合我国的教育体制实情的。学校开办教育教学实践活动，这本身就存在着遭遇人身伤害事故的可能性，而有效避免这类伤害事故的最为稳妥的方法就是废止任何教育教学实践活动，这又与素质教育背道而驰。因此要想实现学生的人身安全和全面发展的双赢，就在客观上要求学校承担有限的责任，即只对自己的过错承担相应的责任。

3. 补充原则

《侵权责任法》第 40 条对补充原则明确指出："无民事行为能力人或者限制行为能力人在幼儿园、学校或者其他教育机构学习、生活期间，受到幼儿园、学校或者其他教育机构以外的人员人身损害的，由侵权人承担侵权责任；幼儿园、学校或者其他教育机构未尽到管理职责的，承担补充责任。"② 这就是说，倘若未成年学生遭到第三方的侵害，首先应由第三方来直接承担相应的责任；而当学校或相关教育机构未能尽到相应的管理职责且第三方委实无力承担赔偿责任的时候，学校或相关教育机构才承担相应的补偿责任。

三　学校的免责

在针对侵权责任的相关法律中，设定免责事由是侵权责任法中的重要

---

① 杨立新：《侵权法论》，中国人民大学出版社 2005 年版。

② 邹敏：《未成年学生校园伤害事故中的学校民事责任——兼评 2010 年 7 月 1 日起实施的〈侵权责任法〉之相关规定》，《首都师范大学学报（社会科学版）》2010 年第 6 期。

内容，用来规定在何种情形下，免于承担责任。当前世界上，美国、德国、法国等国家教育法律都对学校免于承担责任进行了规定。尤其是美国，随着其校园伤害事故的日趋递增，学生对学校及教职工诉讼的案例日益增多，美国的 5 个州于 1961 年联合颁布了《教职员赔偿免除法》，该法律明确规定：公立学校教师在校园侵害事故中负有相应的赔偿责任，但由其所在学区教育委员会代其来承担相应的侵害责任。此外，该法还规定了政府免责原则的相关内容。

在我国学校侵权责任中，《民法通则》和《学生伤害事故处理办法》都规定了免责事由。免责事由是指法律责任免除的合法事由。其中我国民法中规定的民事责任的免责事由一般有以下几个方面：依法执行公务、正当防卫、紧急避险、受害人故意、第三人过错、不可抗力、意外事件等。其中与学校责任有关的主要是第三人过错或受害人过错、不可抗力和意外事件。

《学生伤害事故处理办法》规定了学校免责的 10 种情况，其第 12 条明确规定："因下列情形之一造成的学生伤害事故，学校已经履行了相应职责，行为并无不当的无法律责任：（一）地震、雷击、台风、洪水等不可抗力的自然因素造成的；（二）来自学校外部的突发性、偶然性侵害造成的；（三）学生有特异体质、特定疾病或者异常心理状态，学校不知道或者难于知道的；（四）学生自杀、自伤的；（五）在对抗性或者具有风险性的体育竞赛活动中发生意外伤害的；（六）其他意外因素造成的。"第 13 条规定："下列情形下发生的造成学生人身损害后果的事故，学校行为并无不当的，不承担事故责任，事故责任应当按有关法律法规或其他有关规定认定：（一）在学生自行上学、放学、返校、离校的途中发生的；（二）在学生自行外出或者擅自离校期间发生的；（三）在放学后、节假日或假期等学校工作时间以外，学生自行滞留学校或自行到校发生的；（四）其他在学校管理职权范围外发生的。"归纳起来，学校免责类型主要包括以下几个方面。

1. 不可抗拒力、意外伤害

在此，不可抗拒力、意外伤害主要是指因为地震、台风、洪水等不可预见、不可避免等不可抗拒事件而对学生所造成的侵害，在此种情况下学校不承担责任。在地震发生之前，学校对学生发出警告，并在灾后积极采取相关措施进行补救，在此种情况下，倘若有学生受到侵害，那么学校则可不承担相关责任。此外，由于个别学生本身的因素所致，如学生的特异体质、特定疾病抑或异常心理境况，学校不知道或很难知道，学生在其正常的学习、生活中遭到意外伤害时，此时学校无须承担相应的责任。

2. 自甘冒险

甘冒风险是在明知参加某些活动具有危险性的前提下，但受害人仍旧自愿不顾危险参与，并且在损害事实发生后，学校本身并不存在故意或过失，在此种情况下，学校无须承担相应的赔偿责任。这种情况常见于体育活动上，竞技活动中的抵抗会给学生带来极大的危险，在学校尽到相应的职责后，学生由于个人原因而遭受损害时，则学校无须为此而承担赔偿责任。

3. 受害人故意和受害人过失

受害人故意和受害人过失主要是指，造成侵害主要是由于学生自身原因所致，在此种情况下，学校是不需要承担相应责任的，因为侵害完全在于受害人自身的原因，侵害诉讼的被告并没有过错，因此无须承担相应的损害赔偿责任。

4. 第三人加害

第三人加害主要是指那些给学生造成伤害的因素，主要来自于外界的第三人，并且在此过程中学校本身并没有相关过失，此时学校也是无须承担相应责任的。侵害后果是由于第三人的过错所导致的，在此情况下侵权诉讼中的被告人是无须承担损害赔偿责任的。例如，在学校履行相关交通安全管理职责后，在学校内仍发生了对学生人身伤害的交通事故，此时学校是无须承担责任的。此外，教职工在进行与其职务担当无关的个人行为或故意施行的违法犯罪活动，使得学校蒙受了损失或伤害，此时应由教职工直接承担，而学校此时也是无须承担责任的。

四　校园侵权责任的构成要件

既然学校在未成年学生受到伤害时要根据有无过错及过错的大小程度来承担相应的侵权责任，这就有必要对学校承担侵权责任的构成要件进行深入探究。学校承担的是一种因为侵权而要承担的民事责任，因此具备侵权责任的构成要件。一般来说，侵权责任的构成要件主要包含以下几个方面：损害事实的客观存在、侵害行为、侵害行为与损害事实之间的因果关系，以及行为人的过错。然而，在校园侵权事件的民事侵权责任中，侵害行为与行为人的过错是完全可以放在一起进行论述的，因为判定学校在对某个行为作为还是不作为时，就可以得出这种作为或不作为是否合法、是否存在过错。鉴于此，在此本书仅从中小学生遭受伤害事实的存在、过错及因果关系这三个维度予以简要论述。

1. 中小学生受伤害事实的存在

什么类型的伤害事件隶属校园侵权事件？是否仅仅只有发生于校园里的伤害事件才可归属为校园侵权事件？在此十分有必要对校园侵权事件做一个明确界定。教育部关于《学生伤害事故处理办法》第 2 条规定，校园伤害事故是在学校实施的教育教学活动或者学校组织的校外活动中，以及在学校负有管理责任的校舍、场地、其他教学设施、生活设施内发生的，造成在校学生人身损害后果的事故。从中可以看出，校园伤害事件是缘于学校未履行或没有完全履行相应的法定职责而导致未成年学生的人身等在学校或学校组织的相关活动中受到侵害。自《侵权责任法》颁发施行以降，我们可以把校园侵权事件界定为那些无民事行为能力抑或限制民事行为能力的学生在学校或其他教育机构学习、生活期间，由于学校或相关教育机构未尽到相应的教育管理职责，从而导致这些学生遭受伤害。一般来说，校园侵权事件主要具有以下几方面的特征。

（1）中小学校园侵权中主体的特定性。在这里受害的主体必须是在本校学习的未成年学生，即《侵权责任法》第 38 条、39 条及 40 条规定的无民事行为能力和限制民事行为能力的在校学生，倘若并非本校学生及非未成年学生，即使是在学校受到的伤害，这也不属于这里所研究的校园侵权事件。一般来说，责任主体是指校园侵权事件发生后由谁来承担这种侵权的民事责任主体。我们可以根据侵权主体的差异将学校侵权划分为以下三种情况。一是学校及其教职员工直接侵权的。学校及其教职员工直接侵权是指学生所遭受到的伤害是由于学校或学校的教职员工过错直接造成的。细究起来，这类侵权事件的加害行为既包括作为也包括不作为这两种情况。二是校内其他未成年在校学生侵权的。即在校的其他未成年学生由于违反了学校的纪律，或者违反了侵权法中规定的注意义务，而造成未成年学生受到伤害的事件。这类侵权事件的加害行为通常表现形式是作为，因为学生之间不同于学校和学生之间的关系，学生之间并没有法定的相互保护义务，所以不存在学生因不履行相关法定义务而导致其他未成年学生受到伤害。这种侵权行为后果的承担在实践中是最为复杂的。根据我国目前的立法及司法实践，未成年学生造成他人伤害的，理应由未成年人的监护人来承担赔偿责任，倘若被监护人有自己的个人财产，则可以用其自己的财产来进行赔偿事宜，而不足部分再由未成年人的监护人来承担完成。三是校外第三人侵权的。校外第三人侵权是指造成未成年学生伤害的行为是由与学校无关的校外人实施的，学校仅仅是没有合理尽到安全保障的义务，在某种程度上给予校外第三人可乘的机会。比如，由于学校门卫制度不严，外来车辆、人员等进入校园导致侵权；或者在学校组织的校外活动中学生擅自离队而遭到社会其他人员的伤害。

（2）中小学校园侵权事件空间和时间上的特定性。在前面校园侵权事件的概念中我们已做了论述，校园侵权事件须发生在学校实施的教育教学活动或者学校组织的校外活动中，以及在学校负有管理责任的校舍、场地、其他教育教学设施、生活设施内。校园侵权事件必须是发生在学校能实际控制学生的空间范围之内，超出学校能控制的空间范围发生的伤害事故将不再隶属校园侵权事件范畴（例如，倘若有学生在校期间不履行正常请假程序而擅自离校并在校外遭受伤害事故）。具体来说就是指学生在校学习、生活、活动的一切场所，以及由学校组织的校外各种活动中，如学校组织的春游、参观，义务劳动等。与校园侵权事件的地点相对应，校园侵权事件的时间应是学生在这些地点接受学校教育、参加学校组织的活动的时候，也就是说，校园侵权事件必须要发生在学校能够实际对学生进行控制的时间范围之内。此处强调必须是学校正在进行正常教学、举行正常活动的时间（包括其中的间歇，如课间休息时间、中午午睡时间）。

2. 中小学校存在过错

如果学校在日常的教育教学及管理事务中严格按照相关法律法规的规定尽到了应尽的责任义务，学校自身并不存在过错，那么学校将不承担事故的责任；然而，倘若学校未能尽到其应尽的责任义务，本应预见到事故的发生而没有预见，或者尽管预见到了却并没有采取合理措施来应对的，那么学校是存在过错的，则其应当承担事故的责任。比如，学校教室或宿舍等场所年久失修、线路老化、体育运动器材存有危险性损坏等安全隐患，而学校并没有及时维修抑或进行必要的警示而致使学校事故的发生，这样一来学校就存在过错。当然，在此值得强调的是，上述这些要求都必须在学校预见能力范畴之内才行。而像地震、山洪等突发性自然灾害所造成的校舍坍塌，就属于不可抗力所造成的，对此学校本身也是有心无力的，因此学校就不存在所谓的过错问题。在此我们以侵权行为特征为标准将中小学校过错类型进一步划分为以下三类。

（1）教育管理方法不当导致的学生伤害事故。由于学校对其教职工的管理不妥而导致教职工体罚或变相体罚学生，从而给学生造成伤害。教师在其日常教育教学管理活动中常常会因为学生的违规行为等原因而对学生施加一定的体罚，但这些体罚往往会意外地造成学生的身心伤害，情况严重时甚至会因此而夺去学生的生命。教职工体罚学生的行为既是教职工自身施行的行为，同时也隶属于学校行为范畴。而作为事业单位法人的学校，其民事能力主要是通过以下两种路径具体实施的：其一，学校的重要民事活动由校长作为法定代理人，以学校的名义进行；其二，教师按学校安排从事日常的教学活动，所以教师从事教学的行为其实也是学校的职务行为。教师对学生的体罚主观上是存在过错的（一般为过失），也体现了学校对教师监督管理的疏忽和懈怠。所以教职工体罚学生，就在学校与学生二者间构成了一种侵权损害赔偿责任，而按照《侵权责任法》第34条的规定，工作人员在执行其工作任务中所带来的损害，应该由其用人单位承担侵权责任。《学生伤害事故处理办法》第27条也明确作出了规定，如果学生受伤害是因学校教师或其他工作人员在履行职务中的过错或重大过失造成的，那么学校给予受害学生赔偿后是可以向有关责任人员追偿的。所以，教师在教育教学中的职业行为中对他人造成的伤害，民事赔偿的主体应该是学校。

（2）规避义务所导致的学生伤害事故。根据《教育法》和《未成年人保护法》的规定，学校有保护在校学生的生命健康安全的责任和义务。但现实中好多学校因为害怕事故的发生制定了许多规避措施，但有好多措施却是对本应承担的义务的规避。作为学校等教育机构，对于在校的未成年学生虽然承担的不是监护义务，但仍然要对未成年学生承担安全保护义务。所以学校等教育机构应当善尽职守，防止因为自己的疏忽或者懈怠而导致学生受到不必要的人身伤害。比如，未成年学生在学校遭遇到意外事故后，学校在条件允许的情况下应当救助学生，如果学校不救助，甚至教师率先躲避，由此导致学生受到人身伤害，那么就属于学校疏于对学生安全的注意义务，学校的行为构成违法，学校应当承担适当的责任。

（3）违反职责规定所导致的学生伤害事故。依据《教育法》和《未成年人保护法》的相关规定，学校等教育机构应该对未成年人负有教育、管理、保护的法定职责。如果学校或学校教职工违反法定职责规定而造成未成年人人身伤害，那么毫无疑问，学校应当承担相应的责任。诸如体育课上由于体育器材存在安全隐患或者由于体育老师没有尽到注意和保护义务而致使的学生人身伤害；学校教职工体罚学生给学生身心所带来的伤害等，这些都是因为学校或教职工违反了相关职责规定而致使的校园伤害事故。现实中这些事件比比皆是，譬如某某小学早晨七点要求全校学生集中晨会，于是教学楼上上千名学生争相下楼到操场集合。然而由于教学楼两侧的楼梯门只打开了一个，所以学生全部涌向开着的东侧楼梯。当学生来到一楼和二楼的拐角处时，因为楼道电灯未开，楼道里人群又非常拥挤混乱，下楼的学生与一些上楼放书包的学生挤到一起，致使拥挤越来越严重，最终造成学生 5 人死亡，30 多人受伤。事后查明，事故发生时没有老师在现场维持学生的秩序。根据法律规定，学校不得侵占、破坏学校的场地、房屋和设备，学校是有责任在教学活动中维护正常秩序，保护在校学生的生命健康安全的。在本案中，教学楼两侧门只开一个，且没有老师维持秩序，致使拥挤越来越严重，最终致使惨案发生。学校是存在过错的，所以应当承担责任。如果构成犯罪的，有关责任人还要承担相应的刑事责任。

3. 中小学校园侵权与学生受伤害之间的因果关系

因果关系是指一现象与另一现象之间的引起与被引起的内在关系。在侵权法中，因果关系历来是一个理论难题，因为它不仅关涉哲学问题，也关涉到法学层面的问题；既具有较深的理论性，同时又有着很强的实践性。就像英国著名的学者弗莱明强调的那样，侵权法中最为困扰法院和学者的非因果关系莫属。侵权法上的因果关系是指侵权这一行为与损害事实二者间的引起与被引起的关联。侵权这一引发损害事实的现象是原因，由侵权所引起的损害事实这一现象被视为结果。依据张新宝学者的观点，"侵权行为的原因是行为人的加害行为、应当由行为人负责的他人的行为以及应当由行为人负责的物的内在危险实现。"① 至于侵权行为的结果，大家似乎没有多大的争议，就是指受害人所遭受到的损害。侵权法上的因果关系的意义在于对侵权责任加以限定，一方面使受害人得到救济，另一方面又不至于无限扩大责任范围，限制行为自由。校园侵权事件中的因果

---

① 张新宝：《侵权责任构成要件研究》，法律出版社 2007 年版。

关系是指学校违反《教育法》所规定的对学生教育、管理、保护义务的行为和学生受害之间存在因果关系，即学校违反相关的义务是原因，学生受到伤害是后果，两者之间具有引起与被引起的关系。我们之所以要在校园伤害事故中澄明因果关系，旨在凸显学校的作为或不作为是导致学生受伤害这一事实的主要原因，是因为这样一来学校才能承担民事责任。倘若尽管学生遭受了伤害，但这与学校的作为或不作为没有关涉的话，那么学校是无一承担民事责任的。在现实践行中，存在不少多因一果的现象，这样一来因果关系就很复杂了，这就导致因果关系的推定和澄明举步维艰，因为这是决定责任成立的关键所在。具体到学校民事责任中来看，对于因果关系的判定，需要首先确定学生所遭受伤害的原因，然后再判定致使学生遭受伤害的行为与学校的作为或不作为之间的关联，也就是判断学生所遭受的伤害是不是因为学校没有尽到教育管理的职责。倘若学校疏于管理仅仅是学生受伤害的条件，而非主要原因，那么因为行为和后果之间不具有引起与被引起的因果关系，所以此时学校是无须承担责任的。

第二节　中小学校园事故的现状及原因分析

根据 2001 年教育发展统计公报数据可知，"全国普通高中招生 558 万人，在校生 1405 万人，各类中等职业技术教育学校招生 398 万人，在校生 1164 万人。全国初中学校招生 2288 万人，在校生 6514 万人，普通小学招生 1944 万人，在校生 12543 万人。特殊教育学校招生 6 万人，在校生 39 万人。幼儿园在园幼儿 2022 万人。……"[1] 而 2002 年，全国在校生人数已达到 25338.37 万人[2]。其中绝大多数是未成年人。近年来，随着教育产业化理念的提出与践行，我国的教育事业迅猛发展，各级各类学校日益增多，学生数量更是疯狂飙涨。然而，与当前迅猛发展的教育事业不成比例的是各级各类学校的教育教学设施严重落后，不少学校都存在较为严重的安全隐患；相关管理规章制度也不健全、不完善，难以充分起到对未成年学生进行教育管理和保护的功效。并且，学校数量的急剧扩增，是

---

[1]　《中华人民共和国 2001 年国民经济和社会发展统计公报》。

[2]　教育部：《2002 年全国教育事业发展统计公报》，《中国教育报》2003 年 5 月 13 日。

很难保证教师质量的，教师的素质参差不齐。上述这些都对未成年学生的人身安全等构成了极大的威胁。据中央电视台《今日说法》栏目报道，当前我国在校学生伤害案的比例正在以每年 14% 左右的速度疯长，并且在校学生受伤害的数字近年来也一直呈上升趋势。另据相关部门的统计，我国中小学生每年因意外伤害受伤或致死的约有 1.4 万人，也就是说平均每天约有 40 个学生不能平安走出校园。近年来，我国中小学校园事故形势日益严峻，这主要体现在以下四个方面。

一是校园伤害事故。校园伤害事故是指在校学生人身权受到损害、受伤、残疾或者死亡的人身伤害事故。根据当事人是否处于主观意愿造成伤害事件，校园伤害事故一般被分为故意伤害事故和意外伤害事故。故意伤害事故是肇事者的蓄意行为。比如，2010 年 3 月 23 日，福建南平郑民生杀害 8 名、重伤 5 名小学生；以及 2010 年上半年发生在广西合浦、广东雷州、江苏泰兴、昆明嵩明、山东潍坊等其他的校园砍伤事件均属故意伤害事故。意外伤害事故属于当事人的无心行为，如 2007 年 8 月 28 日，云南省曲靖市马龙县通泉小学学生下课后发生踩踏事件，导致 17 名小学生不同程度受伤，其中 2 名学生伤势比较严重。

二是校园卫生事故。校园卫生事故主要是学校食堂卫生条件差，管理混乱，工作人员违反食堂操作管理规程，或是学校的商店及学校周边的小饭馆、小商店的食品质量不过关引发的食物中毒事件。如 2007 年 9 月 1 日，江苏省淮安市丁集镇中英文学校的学生吃了午饭中的豆角后，大多数人呕吐，发生食物中毒现象，上百名学生被送往淮阴区医院进行抢救，庆幸的是没有人员死亡。

三是校园交通事故。校园交通事故主要有两类，一类是校车、租车超载或疏于对车辆的检修或在接送学生的途中违反交通规则引起的交通事故。例如，2006 年 11 月 15 日 7：20 左右，辽宁省瓦房店市李店镇平房路段与 202 国道交叉路口处发生一起车祸，一辆严重超载共有小学生 80 多名的校车与一辆拉集装箱的大货车相撞。17 名小学生轻伤住院，其余同学受到不同程度惊吓。另一类情况是学生在上学、放学和在学校组织的各项活动中不遵守交通规则，如随意横穿马路、乘坐"三无"车辆、未满 12 岁就骑车上学等引起的交通事故。

四是校园灾害事故。校园灾害事故主要由房屋倒塌、某些基础设施不安全、火灾或其他不可抗力造成，不可抗力主要指地震、风灾等自然灾害。例如，2002 年 6 月 9 日 23：30，云南昆明市寻甸县羊街镇三元庄小学发生火灾。由于起火房屋为土木结构，过火较快，为扑救工作带来很大困难，至次日 2：30 大火才被扑灭，从火场中救出 8 名学生。大火将住宿在该校同一宿舍内的 8 名学生烧死，烧毁面积约 330 平方米的教室 4 间，学生宿舍 7 间。中小学校园事故引发的学校与学生家长之间的纠纷也呈逐年上升趋势，加之我国推行计划生育政策，多数城市家庭均为独生子女，一旦发生校园伤害事故，不仅给学生本人及其家庭造成很大痛苦，而且学校、教师也动辄被推上被告席，给学校和教师的正常教育教学工作带来了很大的压力。此外，一旦校园伤害事故善后工作处理不当，往往极易引发矛盾激化的，如现实中经常发生的家长聚众冲击学校、围攻校领导或班主任、骚扰学校正常教学秩序等，从而使得校园伤害事故上升为国家、教育部门、社会和家长关注的焦点问题之一。

那么中小学生在校学习、生活一般都存在哪些不安全隐患呢？根据相关调查可知，中小学校内易发生伤害事故主要集中在以下几方面：一是安全措施不完备的学习设施和危险建筑。如实验室、食堂、厕所、宿舍等危险场所和危险建筑倒塌引起的伤害。二是集中在楼道、通道、台阶、校门等处发生的拥堵挤压造成的伤害。三是火灾事故、爆炸、食物中毒、煤气中毒等意外伤害。四是在文化娱乐、体育活动、社会实践等集体活动中的意外伤害。五是校外侵害，如杀人、强奸等刑事案件。六是校内外交通事故等。中小学校园安全事故的发生，其成因是多方面的，既有主观上的过失和疏忽，又有客观上的条件限制和不可抗力。也就是说，任何安全事故的发生都不是单因素的结果，而是多种因素相互作用使然。总的来说，我们认为大致有以下几个方面。

一　安全意识淡薄

当前无论是学校教育工作者还是学生个人及家长，其法律意识和安全意识都是很淡薄的。现实中有不少学校甚至为了片面追求办学规模的扩增和招生人数的庞大及强调升学率的提升，无形中有意或无意就忽视了学校安全建设工作及相关防范措施，想当然地认为只要别出什么大乱子就没事，对学校安全工作缺乏有力的监督和保障，从而使得一些原本完全可以避免的校园伤害案件频发。此外，中小学生天性活泼好动、好奇心强，但他们自控力差，且身心发展尚不成熟，安全意识也是很淡薄的。

二　安全管理疏漏

绝大多数学校在安全管理方面还存在很大的疏忽和纰漏，这是校园安全事故出现的一大诱因。例如，现实中有不少学校教育教学设施存在着明显的不安全隐患，校舍管理不严、食堂不达标、体育器材和实验设备老化、教学仪器设备未能及时修复等，致使校园安全事故频繁发生，严重损害了受教育者的身心健康，同时也给社会造成了极其恶劣的影响。

三　安全教育滞后

学校安全保护意识缺乏，安全制度不健全，更缺乏对学生和教师的安全教育。很多学校往往是出了事情才会想到对主体进行安全教育和演习，殊不知亡羊补牢，为时已晚。更有些学校打着安全教育的幌子，蒙蔽上级教育主管部门的检查，安全教育可以说完全流于形式，这些都为校园事故的发生埋下了潜在的隐患。

四　安全法规现盲点

校园安全事故一旦发生，就会涉及多方面的责任。然而，当前我国也仅仅只有一部专门针对校园伤害事故进行法律规定的条文，即《学生伤害事故处理办法》，里面对不同情况下的学生伤害事故进行了大体上责任的划分。然而，该法对一些具体细节问题并没有作出明确的规定和说明，尤其是对那些多因一效的事件更是粗糙，并未提出明确的责任归类，出现法律法规上的盲点和漏洞。

五　学生自尊心较强，心理承受能力低

现在有些学生自尊心过强，或是心理承受能力过低，在家备受宠爱，到校后违反纪律，受到教师批评，一时想不开，走上绝路。如现实中某中学举行考试，一学生在试卷内夹带纸条，被监考教师发现，当场撕掉试卷，并送至校部处理。后学校给予通报批评处理。该生当晚服农药自杀。学校和教师按规定办事，没有过失，对该生之死不负任何责任。不过，如果学校的工作做得更细致周到些，在一定程度上能减少这类事故的发生。

六　学生体质特殊或患有疾病

有些事故由学生特殊体质或疾病引起，对此学校一般不承担责任。例

如，现实中某中学上体育课时，体育老师组织学生沿着操场跑步，一学生想抄近路，遂私自从操场中央一施工工地穿过。在遇一很浅的土坑时，该生摔倒而突然昏迷，不久即死亡。后经法医鉴定，死因系该生先天性心脏病突发。事后家长告到法院，追究学校责任。法院裁决：该生及家长从未将孩子特殊体质一事告知学校，学校在不知情的情况下组织活动，属正常教育行为，故对该生之死不承担法律责任。但为防止这类事故的发生，学校应建立卫生保健制度。新生一入校，首先为学生建立卫生档案卡，特别注明其体质性，如先天性心脏病、对青霉素针剂有过敏史等，这将非常有助于预防此类悲剧的再次发生。

七　体罚或变相体罚

学校相当一部分事故是由教师体罚或变相体罚行为所致的。如陕西某农村小学学生胡某上课迟到，被教导主任王某用树枝、竹条抽打脸部，左眼被打瞎。当然，很多不一定是体罚或变相体罚行为，而是教师教育方法不当，结果引发了事故。如教师教育学生态度粗暴，使用了侮辱性字眼，学生心理不堪忍受，自杀身亡。再如，教师常常压课令学生完成作业，放学晚又未采取相应的保护措施，学生路上不幸受到伤害，等等。

第三节　国外关于学校事故责任的法律规定

一　美国中小学校园事故责任法律

在美国，如果学区、学校教职工的行为给学生带来了伤害，那么他们可能为其侵权行为承担相应的法律责任。然而，法律并不会对发生学生伤害事故的学校进行法律责任追究，而只是追究因故意抑或过失所致使的伤害责任。

在学校事故中，故意侵权的数量很少，主要是因过失而引发的事故。在认定学校的过失责任时，须具备以下几个要素。

1. 注意标准

它要求校务人员在面临相同或类似的情景时跟普通谨慎的人一样采用同样程度的注意标准来行事。当然，这种注意标准会随着学生的年龄、成熟度、经历、情商及他们学习活动的性质而变化。法律需要考虑学生的数量和年龄、活动的性质和场所、提供不同水平监督的可行性和代价等因素，确定何谓合理的注意行为并作出合理的要求。如果学生从事的活动不具有危险性，要求教师尽到一般的注意义务；如果活动具有潜在的危险性或学生对其所从事的活动不熟悉，就要求教师尽到个别的注意义务。

2. 违反职责

违反职责的认定根据教师在不同性质的活动中的职责而定，不同的学校活动所要求的监管水平不同。法院处理的违反职责的问题基本都是学校管理者的行为是否满足了特定情况下设定的照顾标准。另外，学校管理者是否能够预见可能发生的伤害事故，在特定环境中学生受到伤害并不必然隐含着违反职责的发生。学校管理者无法杜绝一切可能对学生造成的伤害，但是他们被要求负起责任来，在对学生负责的基础上对可能发生伤害的情况合理地预见并尽量避免，否则，就认定为违反职责。

3. 因果联系

在这里因果联系是指学生受到实际伤害和教师违反职责之间具有一定的关系。如果学生受到伤害不是由于相关教职工没有履行好基本的职责所致，那么就不存在因果联系。如果有证据表明相关教职工的行为在学校事故中起了直接而充分的作用，因果关联就成立。

4. 伤害

如果学生没有受到任何伤害，那么就不存在责任问题。必须有证据证明学校管理者实施了伤害行为或者他们在特定的环境下不尽职责从而导致了伤害事件的发生。[①] 在司法实践中，对学校责任的认定还要考虑到不同时间，如开学前、在校期间、放学后及校外考察活动期间，学校所承担的职责是不同的，以此来认定具体的学校事故案件中学校所应当承担的责任。总之，在特定的时间、地点和活动中，学校对学生负有注意义务而不是监护责任，注意的标准是在预见性原则下合理而谨慎的正常人的行为水平。

二　英国中小学校园事故责任法律

英国存有一种共识，即认为公立学校的相关活动不隶属于国王免责的

---

① 许杰：《美国公立学校学生伤害事故中过失侵权的认定》，《比较教育研究》2004 年第 5 期。

"王权下放"的范畴，因此自 19 世纪末以降，地方自治体一直承担着非正式文法规定的使用者责任。鉴于自治体的赔偿责任实际上是一种代理责任，因此尽管教师个人所为连带责任会受到起诉，但在现实践行中，多数情况下还是以追究自治体当局的责任居多。此外，自治体所承担使用者的责任是建基于教职工在受雇佣的范围内的。因此很明显，对于体罚这种违法的、教职员受雇范围内禁止的行为，仍然只是追究教师个人的责任。而对相关教师的过失责任、注意义务的判例，其根据与美国相同，即要看事故发生之前是否对学生进行了充分的安全教育，是否履行了相关责任义务。通常情况下，对以追究过失责任为要件的诉讼，最普遍的解释认为，加害行为在各种情况下都被看作是符合了公认的经常性的行为。英国教育判例中的大部分都是由学校举办者——自治体当局承担责任的判例。其中，最具有特点的应该是地方自治体（教育委员会）一直承担着由于学校设施的缺陷、瑕疵而产生的责任。从整体上看，1944 年的《教育法》被认为是具有"教育条件整备法"的性质。特别是其中的第 10 条第二项规定"遵照法律规定的安全标准提供公立学校设施，是地方教育当局的义务"。因此，英国在学校教育法令中规定学校设施必须达到安全标准，在教育行政当局提供了没有达到安全标准的学校设施时，则被认定为违反了法律规定的义务，将承担事故的全部赔偿责任①。

三　德国中小学校园事故责任法律

在德国，自魏玛时代以降，由违法无过失的国家行为所造成的损害，通过适用公法上的有关损害补偿判例法理，国家一直以"特别牺牲补偿"的形式，承担着这一补偿义务。1964—1967 年的有关娱乐、体育事故的判例，是通过这一"特别牺牲补偿"的法理所实施的救济。近年来，法院一直认为，在学校事故超过通常的程度可能会对学生和家长造成过度的负担时，即使教师没有因过失而产生工作上违反义务的情况，也应从特别牺牲的角度出发予以损害补偿。从这一点来看，无过失赔偿责任的合理性经常得到"危险责任"理论的支持。著名教育法学家汉斯教授认为，尽管这一危险责任论一直以来都用于交通事故，但在遭遇学校事故时其实也

---

① 李登贵：《西方主要国家学校事故赔偿法制的比较研究》，《内蒙古师范大学学报》2003年第 4 期。

是可以同样采用的。基于赔偿法理的维度，我们理应把学校视为一个隐含着极大危险因素的场所，并且鉴于学校是个公共生活福利的重要的、具有一定垄断性质的场所，所以要把一般性危险责任纳入学校范畴，并使其逐步合理化、合法化和公正化。为了适应以上的立法诉求，德国于1971年3月18日颁发施行了"为保护儿童、学生及幼儿的有关灾害保险的法律"，该法明确规定从幼儿园到大学的学校灾害，九年后将被看作劳动灾害保险法上的劳动灾害。市、镇、村立学校的保险者为市、镇、村保险公会，而州立学校及私立学校的保险者则为州，以校内、上学放学路上、校外学校活动中的灾害为对象，进行包括致残抚恤金在内的保险支付。从本质上讲，这是世界上最早的一部学校灾害补偿保险法①。

四　法国中小学校园事故责任法律

对于学校事故责任的承担，法国民法典第1384（5）条规定："教师及手艺人应当对他们的学生或学徒在他们监管期间所造成的损害承担法律责任。"第1384（7）条规定："对于教师而言，如果原告起诉，认为是教师的过错、疏忽或过失导致了致损事件的发生，他必须根据普通法对此加以证明。"教师承担侵权责任的情形，不仅包括学生在学校期间所导致的损害，还包括其学生在假期期间或在放学期间所实施的损害，如果此时学生仍然在教师的监管之下的话。同时教师要根据民法典第1384（5）条对其学生的行为承担责任，必须以教师有过错为条件，其责任是建立在过错责任的基础上的。教师是否有过错，应考虑各种具体的因素加以决定，诸如学生的年龄、学生致损行为的快捷性（如果一个敏捷的学生突然踢了其他同学一脚，则教师没有过错）。教师是否有过错，必须由原告举证证明。如果欠缺过错的证明，由民法典第1384（5）条所规定的侵权责任不应加以承担。但是国家在此种情况下应直接根据行政法承担责任②。在责任的承担上，法国法律因私人教育机构和公立教育机构的不同而适用不同的规则，前者适用侵权方面的普通法，而后者则受特殊规则的调整。私人学校所发生的学生事故，无论是教育机构还是作为该教育机构雇员的教

---

① 李登贵：《西方主要国家学校事故赔偿法制的比较研究》，《内蒙古师范大学学报》2003年第4期。

② 张民安：《现代法国侵权责任制度研究》，法律出版社2003年版。

师，都不适用法定的过错推定原则。如果是由私立学校的学生引起了他人损失的发生，必须根据民法典第 1382 条证明私立学校及其教师在教育和监督学生方面有过错，如果是对私立学校学生造成损害，同样应当证明他们在防止学生遭受他人侵害方面存在过错。在这两种情形之下，证明教师有过错的证明责任由受害人或者他们的法定代理人来承担。公立学校所发生的学生事故，法国法律规定：公立学校的教师应当承担法律责任的所有情形，"由国家就这些教师所承担的责任对受害人负责，因此，受害人或他们的法定代理人不应当对公立学校的教师提起民事诉讼"。此规定表明：其一，对任何损害，公立学校的教师均不得被看作是此种损害的责任人，均不应被受害人提起民事侵权损害赔偿责任。同时，如果受害人对国家提起侵权损害赔偿，他们也不得作为证人而参加诉讼。因此，公立学校的教师在其学生事故发生时是绝对免责的。但是，此种免责仅在教师与其学生或学生的代理人之间产生效力。然而，教师并非不承担任何责任。在国家对教师的行为承担责任以后，教师可以在其行政诉讼中被责令承担所有的损害赔偿。其二，国家以两种方式参加诉讼。一是国家根据教师的个人过错承担责任，此时，原告应当证明教师的过错，并且应当在 3 年的特殊时效内提起诉讼。二是国家根据学校服务方面的过错而承担责任，如果学生在学校期间遭受的损失系由于学校场地的维护瑕疵或因学校的器材缺陷等而导致的，则为学校的服务存在过错而导致的损害。此时，受害人无须证明教师的过错，而仅仅证明公共服务功能的恶劣即可①。

五　加拿大中小学校园事故责任法律

在加拿大，主要是从侵权行为的角度去看待学校事故的。针对学校而言，法院在决定教育者是否有过失时，就要考虑是否违反法律或规则。在加拿大，学校事故的认定原则主要包括细心父母原则、替代性原则、共同过失原则及相应的操作性原则。

1. 细心父母原则

此项原则主要是针对教师而言的，它要求教师用审慎或细心的父母对待其子女的态度去对待学生。在不同案件中要根据学生数量、所进行的练习或活动的特点、学生的年龄、技能的水平、所使用的设备的特点和状

---

① 张民安:《现代法国侵权责任制度研究》,法律出版社 2003 年版。

况、学生的能力和其他相关问题具体分析。

2. 替代性原则

此原则主要是针对与校董会作为学生的监护者、校产的占有者和接送学生的管理者相关责任而言的。依据此原则，教师和校董会都是侵权人，都须对损失负责，但能够给受害者提供赔偿和为这些损失进行担保的是校董会而不是教师个人，校董会可以采用经济手段来预防事故的发生和约束雇员以防其作出无理的行为。

3. 共同过失原则

共同过失是建立在原告因自身疏忽而造成事故的基础上的。从年龄、智力和经验出发，即使是儿童，对自己的侵权行为也要负责，但与成年人相比，却有相对较低的处理标准。在魁北克，教师和父母对儿童的侵权行为都要承担责任，儿童处于父母的保护和魁北克民法规则的控制之下，主要包括：个人对其自身疏忽而造成的损失负责，并对处于其控制之下的人的过失和在其保护之下的人的过失负责；父母对其子女的侵权行为造成的损失负责；教师对学生的行为负责，校长和师傅对其学生或学徒负责。只有当这种损失的产生原因不可阻挡时，他们才不承担相应的责任①。

根据细心父母原则、替代性原则及共同过失原则，判断校董会及教师对学校事故有无过错及过错的大小，进而确定相应的责任主体，已成为解决此类纠纷的一般原则。在具体的案件中，根据事故发生的时间地点，如教室、操场与室外、上学前与放学后、野外活动与课外活动、危险品、职业课、体育运动、特殊现象（如逃学、紧急医疗情况等）及教育渎职问题等，认定教师所负有的注意义务及是否尽到了注意义务，是否存在过错及过错的大小，并由此确定责任的承担。

六　日本中小学校园事故责任法律

在日本，20 世纪中后期，社会各界尤其是日本教育法学界对学校事故给予了普遍的关注和高度重视。学校事故研究特别委员会于 1977 年 3 月 12 日召开的委员大会上提出了学校灾害补偿法纲要案和学校事故损害赔偿法案，并获得通过。在日本教育法学界，学校事故从广义上讲，是指在学校这样的教育场所发生的各种各样的事故的总称；既包括上课时间、

---

① 刘朋、吴振宁、王洪斌：《加拿大的学校事故立法》，《社会》2002 年第 9 期。

课间休息、修学旅行、放学后、课外俱乐部活动等状态下发生的事故，也包括由火灾、日照、烟雾等造成的学校中的灾害和学校发生的刑事案件、学生处分案件等。从狭义上讲，学校事故是指在学校运作过程中所造成的儿童、学生的人身伤害，其中不包括火灾、盗窃等财产性损害。不论造成人身伤害的原因为何，从对受害者提供迅速、完全的救济这一目的出发，学校事故也称为学校灾害。学校举办者管理学校时及由于学校设施、设备的构造或功能等原因，使未成年学生受到伤害，应承担赔偿责任。这主要是考虑到学校是为未成年学生提供经常性和多样化学习生活的场所，学校和学生自身的特点，使学校的教育活动与其他社会领域相比，存在着发生人身伤害事故的可能性。因此，从某种意义上讲，可以把学校看成是"带有危险的设施"。当发生学校事故，事实成立并有人受害时，学校举办者必须明确地认识到自己本身负有不可推卸的责任。但其不承担对该校的教职工个人伤害的损害赔偿责任。对学校事故中学生受到的损害，实行完全赔偿（或补偿）原则。但在资金的来源上，两法案的规定有所不同。学校事故损害赔偿法案中规定，学校举办者为了保证能够履行损害赔偿责任，必须预先筹措资金。国家在学校举办者履行此责任义务时，提供必要的帮助，但并未从正面解决资金的筹措问题。学校灾害补偿法纲要案规定，国家必须充分保障学生的受教育权利。为积极地创造和完善学生在学校生活中的条件，必须对学校灾害中受损害的学生进行完全迅速的补偿。由此，为了实现对学校事故的救济，自治团体必须履行改善教育条件的义务，并承担学校灾害补偿的一部分费用。不过为了实现对学校灾害中受害者权利的完全救济，学校灾害补偿必须以国家经费为主要经费来源，以国家为主体来进行①。所以，在日本，其力图建立一种并非只由学校的举办者、自治团体承担赔偿责任的制度，而是通过以国家为赔偿主体、国家经费为主要赔偿金的形式，实现学校灾害救济的补偿，达到解决学校事故损害赔偿的目的。

七　韩国中小学校园事故责任法律

韩国实行学校安全保险制度，其前身是学校安全协议会，它是保障韩

---

① 李登贵：《日本学校事故救济立法案的制定及司法解释》，《内蒙古师范大学学报》2004年第 5 期。

国各级学校学生安全的一个机构，在预防学校事故发生、保障受害学生利益、减轻学校负担方面发挥了重要作用。在韩国，其将学校事故界定为，在学校的教育教学活动中发生的涉及学生人身利益的安全事故，不包括自然灾害（风、水害、雪害等）所引发的事故，即由于非人为的外部原因偶然地、突然地发生而引起的伤害事故。"学校的教育教学活动"包括：按照学校的教育课程和校长的教育计划及教育方针，在学校内外举行的特别活动、课外活动、修学旅行、体育比赛等；由国家或地方自治团体等举办的校长允许参加的活动；校长允许参加的体育比赛、艺术比赛等各种活动；其他按总统令规定的活动。在这些活动中学生受到伤害，学校要承担事故责任，但下列情形之一造成的学生伤害事故，如学校已经履行了相应职责，并无不当行为时，学校不承担事故责任：学生自杀、自伤造成的事故、不可抗拒的自然因素造成的事故；加害人等可以进行赔偿的事故；没有交纳会员费的学校出现的伤害事故；因同样的损害而在其他方面可以得到赔偿的事故；在学生上学、放学途中，在学校以外的空间中发生的事故；因学生食用非由学校提供的食品所发生的伤害事故；当受害者需要到国外治疗时由赔偿委员会决定；因开车而引起的事故；如果进行赔偿配额申请时，当事人原本有疾病的话，就不可能拿到赔偿配额；其他在学校管理者职责范围外发生的事故①。发生事故后，受害者可以申请：医疗赔偿；难以治愈的疾病；死亡安慰费（包括丧葬费和精神抚慰金）；支援金（主要指诉讼费用和调解费用等）；赔偿判决（根据法院的判决，由国民健康保险团体向学校申请赔偿）。如果当事人由于自己的过失或由于违反校规而造成事故，依据事故的严重程度，适用过失相抵的原则。为了预防学校安全事故的发生，韩国建立了统一的学校保险制度，于 2004 年 9 月建立了学校安全保险联合会。联合会由各个市、道的学校安全保险员组成，不定期地举行全体会员会议。国家或地方教育厅在每年预算的范围内，可以援助学校安全事故、学校安全保险事业所需的经费及学校安全保险的保险费。在赔偿请求上，受害者必须首先经由学校安全保险赔偿审议委员会来对事故作出处理，如果受害者对处理结果不满意，可以要求学校安全保险赔偿再审议委员会对事故重新处理，如果仍对此次处理不满，才

---

①　柳京淑：《韩国学校事故处理探析——以韩国汉城学校安全协议会为例》，《比较教育研究》2005 年第 7 期。

可以向法院提起诉讼①。

通过比较分析可以看出，上述各国及地区由于政治、经济、历史文化背景等的不同，在学校事故责任的赔偿、救济等方面有所不同。但在处理学校事故问题时，具体方法一般都因学校是公立学校或私立学校而有所差异；也就是说，对公立学校和私立学校的学校事故采取不同的对策。对于公立学校所发生的事故，多适用国家赔偿法或不同于普通侵权行为法的特别规则，由国家承担赔偿责任或由国家提供部分资金来源，在一定程度上避免了其资金不足以赔付的尴尬局面。私立学校发生的损害则适用普通侵权行为法。同时这些国家或地区都有着发达的保险制度，在学校事故发生后，可以通过保险的方式来分散风险，从而降低学校所承担的风险，也使受到损害的未成年学生得到及时有效的救济。这些对于我国将来的立法有着重要的借鉴意义。总之，不论是西方各国，还是东方的日本和韩国，都在力求一种最为合理公正的赔偿法制，查明学校事故发生的原因，追究行为人的法律责任，以期实现社会的公平正义。

第四节　中小学校园事故的预防措施

校园事故关系着中小学生的生命健康和人身安全、教师的教育教学活动的顺利开展、学校的正常发展秩序等，开展校园安全教育，构建完善的安全制度能够有效地减少此类事故的发生，维护未成年学生的合法权益。

一　进行校园安全教育

日本非常重视培养学生的生存意识和生存本领。日本是地震频发国家，因此具有比较完善的地质灾害预警系统和卓有成效的地震知识普及工作，每年都要组织学生参加地震自救演习，从幼儿园开始时就会被带到地震模拟车上学习逃生技能，从小就灌输普及避灾知识。家家户户的门窗附近，都备有矿泉水、压缩饼干、手电筒及急救包，就连新潮的电脑游戏，也开发出考验人们在强震下应急对策的软件。相较于国外，我们目前的学

---

① 柳京淑：《韩国学校事故处理探析——以韩国汉城学校安全协议会为例》，《比较教育研究》2005 年第 7 期。

校安全管理更多是依靠上级发布紧急通知、文件，依靠校长、老师个人的安全意识和责任意识，缺少必要的灾难预防知识。学生自觉遵守各种安全规范的良好行为习惯养成，必须通过科学的长期的培训和练习才能获得。

首先，要牢固树立安全意识，实现安全教育常态化。学校应坚持以"关注安全，关爱生命"为主线，坚持"一保安全、二保稳定、三保教学"的原则，要做到安全意识的牢固树立，入耳入心，就务必实现安全教育的常态化，做到"人人讲安全、时时想安全、处处要安全、事事为安全"。将安全教育纳入正规的教学管理计划，安排一定的课时，并采取学生实际演练的方式，在老师的指导下确保人人过关，达到安全培训合格条件。

其次，要更新安全教育内容，实现安全教育课堂化。加强消防安全知识、用电安全知识，雷电安全知识、治安安全知识、地震事件安全知识、网络信息安全知识、心理安全知识等安全知识教育培训。通过培训，要保证熟悉各项安全专业知识，熟练掌握自救自护技能，不断提高自救自护实践能力，在突发事故来临时能够从容应对。一个人应对危机的知识越丰富，越有助于其减轻心理压力，从而采取适应性行动。相反，如果他对某种危险征兆一无所知，危险突然出现后又对如何采取有效行动一片茫然，就势必加剧心理紧张，产生极度惊慌或盲目呆滞等消极心理反应。因此，在安全培训中，尽可能多地组织学生进行烟雾与黑暗体验、逃生自救等灾害来临时的应变能力教育和训练，以培养良好的心理素质，增强自救和应急逃生本领。

此外，还要设法让校园安全教育制度化规范化。作为减少灾害损失的最重要环节之一，公共安全教育在我国开展得一直不尽如人意。教育部曾发布的一项幼儿园、中小学生安全教育管理调查报告显示：我国中小学安全教育资源普遍缺乏、时间不足、预防演习少。近60%的教师报告每学期对学生开展主题安全教育的时间累计在10课时以下，不到40%的教师及55%的学生报告学校从未开展过预防灾害的演习活动。不可否认，目前，每个学校都很重视学生在校期间的安全，但只是重视了学生的人身安全，却忽略了对学生的安全教育，甚至绝大多数学校根本就没有开展过相关安全教育工作，灾难教育在我国很多地方都是一个空白。不少学校在贯彻落实《中小学公共安全教育指导纲要》时，只是简单的说教，仅仅开展应对上级的、一次性的、临时性的演练，基本没有形成制度化的防灾疏散演习体制，大多数老师和学生也都没有接受过专业化、经常性的培训和演习，因而普遍缺乏灾难应急、避险自救常识。即便是已经开始组织演练的学校，由于没有专业技术人员的设计和策划，大部分演练只停留在"组织逃生"这一个环节上，并且流于形式。一旦灾难发生，即使是发生在白天的火灾，也会由于人员过度恐慌、相互争抢楼梯使楼梯扶手垮塌而造成不必要的大量人员伤亡。而一些发达国家国民素质教育中很注重全民安全教育，从小孩抓起。据了解，在北美，从幼儿园到高中都有适合学生年龄和接受能力的安全常识课。幼儿园的孩子就知道打911电话求助；身上着火了要马上倒在地上，捂着脸不停地打滚，千万不能跑。老师会带着孩子们一起做游戏，有人喊道"你身上着火了"，孩子就会立刻倒在地上打滚。而且，在美国和加拿大，幼儿园、小学老师必须通过一个FIRSTAID（急救）培训。没有这个证书是不能在学校工作的，学校不会把几十个小孩子交给一个没有基本急救知识的人。国内尽管有不少学校也组织过紧急疏散演习，但很少有学校把它当作常规安全工作坚持做下去。安全教育最重要的时段在学校，特别是中小学时期。安全意识必须从教育阶段开始培养，因为一旦成人，很难有机会再让普通人受到系统的安全教育。而我国学校安全教育的落后，实际上让公众在面临危机时，处于更加危险的境地。因此，对目前安全教育非常缺乏的我国而言，最好的防灾减灾和灾害救援工作，就是加强公共安全教育，尤其是建立中小学的公共安全教育体系，将生命安全教育纳入学历教育、义务教育和职业教育，逐步使安全教育制度化、规范化。

二　构建完善的安全制度

校园事故的发生，相当一部分原因是学校的预防意识不强、管理措施不到位，致使一些安全隐患存在。学校安全管理制度的健全，是学生身体和心理健康的保护伞，也是强有力的保障方式。学校的日常安全管理制度包含了许多方面，也存在大量需要注意的细节，忽略了这些细节所导致的结果就是危及学生们的安全。在当前形势下，只有进一步在各方面完善校园安全管理制度，才能有效保证校园的安全和在校中小学生的平安。因此，要探索完善安全管理的制度，并探索落实安全制度的措施。

1. 探索完善安全管理的制度

一是安全管理人员公示制。学校按照"谁主管谁负责，谁审批谁负责，谁签字谁负责，谁组织谁负责"的要求，明确学校领导、有关岗位（如食堂、宿舍、操场、实验室、图书仪器室、学生活动场所、教室）的安全工作责任人，在校内相应位置挂牌公示，强化学校安全管理人员的责任意识，便于师生监督、通报情况。

二是档案管理记录制。对学校安全工作的布置、检查、整改、有关账目（食堂、物品）建立规范的档案，准确记录安全管理的日常工作。对隐患的发现、整改实行台账式管理，对安全隐患的整体情况依据档案记录的责任单位、人员、完成时限、完成标准来核查责任。

三是事故隐患排查报告制。各岗位的隐患要向主管领导报告，属于职权范围的要认真解决。学校解决不了的问题，上报主管教育行政部门协调解决。各学校在明显位置设置安全隐患报告箱，发动师生举报，对举报重大隐患有功者给予表彰、奖励。

四是应急处置预案制。教育行政部门和学校都建立了安全事故应急处置预案。对各类预案的制定进行统一规范性要求，立足人防、物防、技防相结合，讲求预案的可行性、操作性、时效性，一旦发生事故，立即组织启动，把损失降到最低限度。

2. 探索落实安全制度的措施

制定校园安全制度不是最终目的，关键在于制度的层层落实，不做空架子。学校管理人员要时刻保持安全压力感和紧迫感，按照制定的规章制度，定期不定期排查学校安全管理存在的隐患，使各种安全隐患消除在萌芽状态。教育行政主管部门要组织辖区内的学校定期按照国家有关规定对学校消防器材、紧急疏散通道、食堂卫生、饮水设备、运动器械、交通车辆等各种设施进行检查和检验，发现安全不达标的，应当立即整改，确保不出现任何安全隐患。按照《中小学幼儿园安全管理办法》第27条规定，各中小学校应当建立安全工作档案，记录日常管理、监督检查和整改措施等安全工作内容，做到有章可循、有案可查。安全档案不能流于形式，它是学校实施安全工作目标考核、责任追究和事故处理的重要依据。安全考核要量化积分，年底严格兑现奖惩，并与教育工作者的职务晋升和评级职称直接挂钩，充分调动广大教育工作者对校园安全预防管理工作的主动性和积极性。

为此，首先要加强校园安全动态化管理。随着经济社会的发展，校园安全管理的各种新问题、新矛盾不断涌现出来，安全制度也不能一成不变，必须要实行动态化管理。在长期的安全环境下，教育管理部门和学校要未雨绸缪，时刻不忘对安全制度的修订完善。在制度的设计和制定上要充分听取各部门的意见，遵循科学的程序，建立健全学校门卫、值班巡查、卫生安全、消防安全、学校医务室及保健人员、药品及医疗器械配备、学生健康管理及医疗档案管理、传染病疫情等突发公共卫生事件报告和运动器材管理等诸多方面的制度来提醒学校管理者和广大师生加强安全防范意识。尤其在安全事故后要认真总结经验教训，并对制度进行及时的修订和改进，维护制度的严肃性和实效性。

其次要加大安全经费投入，改善教学安全设施。

一是要切实保证安全经费充足到位。农村学校各项安全设施完善、安全管理工作的顺利开展离不开足够专款专用的安全经费投入。因此，要提高农村学校的安全管理层次，政府部门要加大安全经费投入，才能扭转目前农村学校安全工作的被动应付局面。要抢抓中央对教育的政策机遇，积极争取国家的支持，调整财政支出结构，整合资源，解决资金问题。2009年4月1日，国务院常务会议审议通过了《全国中小学校舍安全工程实施方案》，决定从当年开始，在全国实施中小学校舍安全工程。教育部门要充分把握有利时机和较好条件，争取地方政府配套资金，为农村校园安全工作提供更多的物质基础。好钢要用在刀刃上，安全经费事关学校师生人身大事，必须要管好用好，按照科学发展观的要求，研究制定安全经费的投入标准及安全经费在学校经费中的合理比例，确保有人干事，有钱办事，把事办好。审计部门要介入到安全经费的使用过程中，确保经费不挪作他用，教育部门还要规划安全经费的合理流向，努力实现人防、物防、技防的协调发展，提高安全工作经费的使用效益，降低安全事故发生率，提高学校安全保障能力和水平。

二是基础教学设施安全要达标。校园安全配套设施的达标是提高安全预防管理水平的基本前提。首先要改造校园内的危险建筑。许多农村中小学校舍年久失修，存在着很大的安全隐患，政府部门应将农村中小学的危房进行全面摸排检查，不留任何死角，该重建的坚决重建，该维修的尽快维修，提升校舍质量安全水平，完善学校安全基础设施，优化教学安全环境。学校人员密集，上下课时学生集中出入教学楼，容易造成各种踩踏危险，因此在学生上操、集合等上下楼梯的活动中，不强调快速、整齐，适当错开时间，分年级、分班级逐次上下楼，适当加高加固教学楼和学生宿舍走廊、楼梯扶手，以提高安全标准，防止事故发生。青少年活泼好动，校园内危险的运动设施会对他们造成各种不可预料的伤害。无论是体育课还是运动会前，体育老师都要对运动器材和场地进行检测以确保能安全使用。

三　加强校园安全文化建设

"安全文化，是指人类在社会发展过程中，为维护安全而创造的各类物态产品及形成的意识形态领域的总和。"① 它包括安全物质文化，如保障个体、社会与国家安全的物质装备、安全防范的设施与技术；安全管理文化，如安全管理机构和力量，法律法规和制度；安全精神文化，如安全的观念、意识、价值、道德、传统、风气和行为准则等。

1. 校园安全文化体系的内涵

安全物质文化主要指学校教育教学中为保护师生安全的设备、设施和防护用品及为改善工作环境和工作条件而进行的环境建设两个方面。具体包括以下几个方面：

（1）安全工具。包括灭火器；供应食物（饮用水、食堂购物渠道等）；交通车辆；安全员的通信设备、安全消息的传递；用电器的质量等。

（2）工程技术。包括房屋墙体的质量施工要求（如教学楼的护栏达到1.1 米以上的高度）；地面防滑技术（如教学楼楼道不宜使用抛光地砖）。

（3）实验室的装备技术、医务室的医疗技术等。

实际上，上述安全物质不仅体现在建设方面，还体现在人对安全物质性能的了解及其使用上。例如，化学实验中不能轻易使用水来灭火；各城区教文体局在各校实施的"校园示范商店"工程，从源头上扼制食品质量问题等。

安全制度文化，是学校在安全管理中带有强制性的义务和保障师生权利的规定，是实现安全教学的有力措施和手段。学校不断充实完善各项安全规章制度，执行安全规章制度的过程就是创建和推行校园安全文化的过程。制度建设要依法制定。为此，学校要依据有关法律、法规和行政规章，如依据《教育法》、《中华人民共和国教师法》（以下简称《教师

---

① 国家安全生产监督管理局政策法规司：《安全文化论文集》，中国工人出版社 2002 年版。

法》)、《中华人民共和国未成年人保护法》 (以下简称《未成年人保护法》)、《中华人民共和国预防未成年人犯罪法》、《浙江省中小学安全工作暂行规定》、《学生伤害事故处理办法》等,并结合本校实际制定实施细则。学校安全工作应遵循"预防为主、防治结合、加强教育、群防群治"的方针,坚持"谁主管、谁负责"的原则。制度建设做到制度化、规范化、网络化。

2. 建设校园安全文化的基本路径

安全文化作为一门跨越人文社会科学和自然科学的边缘学科,尽管它还很年轻,只有20年左右的历史,但随着各类安全问题的日益突出,安全文化不仅在理论研究上会有所发展和创新,在实践中安全文化产业也将日趋成熟和迅速发展,以满足各类安全需要,为用户提供优质安全服务。这种产业,包括安全理论的研究与创新,安全环境的设计与营造,安全产品的研制与开发,以及安全咨询服务,等等。就校园安全工作而言,建设安全文化,应当做好以下几方面工作。

首先,健全管理机制,强化安全意识,狠抓安全知识、技能的落实,确立校长是学校安全的第一责任人。实行领导值班制度,实施交接班登记制度,确保24小时不离人。实行安全隐患检查制度,由安全办负责对全校安全消防等隐患每周普查一遍,对发现的隐患,下达隐患整改通知单,报校长审批,对隐患部位的管辖处室,限期整改,整改完成后验收销账。

其次,开展安全教育活动,营造充满生机的校园环境。安全教育是安全文化的重要组成部分,对于不断形成和发展校园安全文化具有重要意义。安全教育可以使人的安全文化素养不断提高,安全精神需求不断发展。这是解决学校安全问题的治本之举。学校要通过对师生员工加强安全宣传教育,形成和改变他们对安全的认识观念和对安全活动的态度,使他们的行为更加符合社会生活和教学活动的安全规范要求。安全教育效果对安全文化的质量起着决定性作用。安全教育的重要目的在于塑造"安全人",而"安全人"的内涵不仅包括工作行为和生活行为方式上的安全有效,还包括心理和精神的健康与充实。建设校园安全文化,就是要让每个师生员工都能在健康的心态支配下,在安全化的环境中,高度自觉地按照安全制度规范自己的行为,使其行为既能有效保护自己和他人的安全与健康,又能确保教学活动和生活秩序顺利进行。所以,校园安全文化建设,必须重视对师生员工安全心态、安全制度、安全行为等方面的教育。要从安全思想、安全态度、安全责任、安全价值等多角度对他们进行安全文化渗透，唤醒他们对生命安全、身心健康的渴望，对学校财产和个人财产的责任意识，从而从根本上提高师生员工的校园安全的认识，牢固树立"安全第一"的思想。

最后，形成校园安全文化管理定则。从我国的现实和历史文化的源流看，校园安全文化建设的任务还相当艰巨，需要制定安全文化的规章制度，以规范师生员工正确的行为，形成安全高于一切的氛围，用以约束个体的行为与改善人际关系，养成正确的思维习惯，调动师生员工重视和改进安全的积极性，把安全放在优先位置，并化作每个人的自觉行动，使全体师生员工在"安全第一"这个共同的价值观指导下，凝聚到一个共同的方向，保证各种安全目标的实现。因此，学校的领导者和组织者要进一步统一师生员工的思想，提高"安全第一"的思想认识。要建立健全安全规章制度，明确安全责任制和责任追究制，把"预防为主"的工作原则从严从细地落实到日常管理工作中去。

第三章

中小学生隐私权的立法保护研究

隐私权是公民的一项重要权利，随着人们法制观念的增强，越来越多的专家学者致力于隐私权法律保护研究中。在教育领域中，由于教师法制观念不强、现有立法滞后等多方面原因，侵害中小学生隐私权案件频频发生，严重影响其身心健康发展，所以立法保障中小学生隐私权具有极其重大的意义。

第一节　中小学生隐私权基本理论概述

一　隐私与隐私权

《世界人权宣言》第 12 条规定：任何人的私生活、家庭、住宅和通信不得任意干涉，他的荣誉和名誉不得加以攻击。人人有权享受法律保护，以免受这种干涉和攻击。《公民权利和政治权利国际公约》第 17 条规定：任何人的私生活、家庭、住宅或者通信不得加以任意或者非法干涉，他的荣誉和名誉不得加以非法攻击。隐私权是一项法律权利，我国教育法律领域对中小学生的隐私权的关注与研究较晚。

1. 隐私

杨立新在《人身权法论》对"隐私"进行了阐述，从法理学上讲，作为隐私权客体的隐私，是指"一种与公共利益、群体利益无关的，当事人不愿他人知道或他人不便知道的信息，当事人不愿他人干涉或他人不便干涉的个人私事和当事人不愿他人侵入或他人不便侵入的个人领域"。它包括两个构成要件：一为"私"，即纯粹是个人的，与公共利益、群体利益无关的事情；二为"隐"，即当事人不愿或不便被他人知悉、干涉或侵入。①

因此，隐私有三种形态，一个是个人信息，为无形的隐私；二是个人私事，为动态的隐私；三是个人领域，为有形的隐私。

总结起来，隐私的基本内容主要包括以下十个方面：

（1）公民的姓名、肖像、住址、电话、身体肌肤状态的秘密，未经许可，不得加以刺探、公开或者传播。

（2）公民的个人活动，尤其是其住宅内的活动不受监视、监听、窥视、摄像、录像，但依法监视居住者除外。

（3）公民的住宅不受非法侵入、窥视或者骚扰。

（4）公民的性生活不受他人干扰、干预、窥视、调查或者公开。

（5）公民的储蓄、财产状况不受非法调查或者公布，但是依法许可公布的除外。

（6）公民的通信、日记和其他私人文件不受刺探或者非法公开，公民的个人数据不受非法收集、传输、处理、利用。

（7）公民的社会关系不受非法调查或者公开。

（8）公民的档案材料，不得非法公开或者扩大知晓范围。

（9）公民不向社会公开的过去或者现在的纯属个人的情况，不得进行收集或者公开。

（10）公民的任何其他纯属私人内容的个人数据，不得非法加以收集、运输、处理和利用。②

2. 隐私权

隐私权是近代法律发展的结果，在古代社会并不被人们认可。在远古时期，人类用树枝等遮盖隐私部位，是人类隐私意识的萌发；从隐私到隐私权，在法律意义上确立隐私权及有关隐私权的立法保护，经历了逐步发展的过程。1890 年美国的法学家路易斯·布兰帝斯和塞缪尔·沃伦在哈佛大学《法学评论》中发表了《隐私权》，其中申明"保护个人的著作以及其他智慧或情感的产物之原则，视为隐私权"。

在我国现行法律中并未直接定义隐私权的概念，学界对隐私权的定义持不同看法。有的认为，隐私权是指公民享有的以对自己的个人生活秘密

---

① 王利明、徐明、杨立新：《人格权法新论》，吉林人民出版社 1994 年版，第 434 页。

② 杨立新：《人格权与新闻侵权》，中国方正出版社 1995 年版。

和个人生活自由为内容，禁止他人干涉的一种人格权。① 有的认为，隐私权是自然人享有的对其个人的、与公共利益无关的个人信息、私人活动和私有领域进行支配的一种人格权。② 还有的认为，隐私权是指公民享有的私人生活安宁与私人信息依法受到保护，不被他人非法侵扰、知悉、搜集、利用和公开等的一种人格权。③

美国著名律师威廉认为，隐私是一种每个人要求他的私人事务未得到他的同意之前，不得公之于众的权利。《布莱克法律词典》中将隐私权定义为私生活不受干涉的权利，或者个人私事未经允许不得公开的权利。《牛津辞典》将隐私权定义为，不受他人干涉的权利，关于人的私生活不受侵犯或不得将人的私生活非法公开的权利要求。《韦氏大辞典》认为，隐私权的含义有三：一是指独立于其他公司或其他人的性质或状态；二是指不受未经批准的监视或观察；三是指隐居、私宅、私人事务、私密环境等。

以上对隐私权的不同定义中，侧重点不同，但是隐私权要义包括以下方面：隐私权的主体只能是公民；隐私权的客体包括私人活动、个人信息和个人领域；隐私权的保护范围受公共利益的限制。

隐私权的内容主要包括：私人活动、个人信息和个人领域。私人活动是指一切个人的、与公共利益无关的活动，如日常生活、社会交往、夫妻性生活、婚外恋等。个人信息，包括所有的个人情况、资料，如身高、体重、健康状况、生活经历、财产状况、社会关系、家庭情况、学业成绩、档案资料等。个人领域，主要指个人的隐秘范围，包括身体的隐秘范围和私人的个人居住、旅客行李、学生的书包、衣服口袋、日记及信件等。④

3. 中小学生的隐私权

在教育领域，教师是主体，学生是主导，学生是教育中主要主体。对于学生的定义，不同学者进行了不同的界定。从法律的角度，中小学生可以定义为在国家法律认可的各级各类学校或者教育机构中接受教育的有学

① 王利明、杨立新：《人格权论》，法律出版社 1997 年版，第 147 页。
② 杨立新：《人身权法判例与学说》，吉林人民出版社 2003 年版，第 260 页。
③ 张新宝：《隐私权的法律保护》，群众出版社 1997 年版，第 21 页。
④ 杨立新：《人权法论》，中国检察出版社 1996 年版，第 5 页。

籍的未成年公民。[①]

围绕中小学生不同性质的法律关系，中小学生具有公民、未成年人、学生等三重身份，这三种不同身份决定了其享有的权利和义务的特殊性。作为公民，中小学生享有政治权利和自由、人身权和自由、社会经济权利及文化教育权利和自由等。作为未成年人，由于其年龄和认识水平限制，不能判断自己的行为，不能承担相应行为后果，被分为无民事行为能力人、限制民事行为能力人及完全民事行为能力人。鉴于中小学生所处的年龄阶段，大多数属于限制民事行为能力人，其部分权利应该受到特别保护，其中隐私权属于特别保护的权利之一，中小学生隐私权具有特殊性。

中小学生隐私权具有自身局限性。由于中小学生一般没有房产，私人活动仅仅局限在教室、宿舍等，所以其就不享有民法上规定的住宅不受侵犯的隐私权。另外，由于中小学生年龄限制，无法享有婚姻法规定的相关隐私权利。因此，与成年公民相比，中小学生并不享有全部隐私内容。

中小学生隐私权受到父母监护权及教师教育管理权的限制。中小学享有自己的隐私，并受到法律保护，但并不是说中小学生隐私权不受任何权利的限制。按照《宪法》有关规定，基于父母与孩子的亲情关系，父母享有对子女的监护权，在父母行使其监护权过程中，不可避免地会了解学生部分信息，影响其隐私权的保护。《教师法》第7条规定：教师享有指导学生的学习和发展，评定学生的品行和学业成绩等权利。在教师评定学生品行及学业成绩过程中，可能了解相关信息，造成学生隐私与教师教育管理权的冲突。在现实中，教师基于教育目的侵犯学生隐私权的案例屡见不鲜。

二　中小学生隐私权与其他权利冲突

《未成年人保护法》只是原则上规定："任何组织和个人不得披露未成年人的个人隐私。"没有对其性质、内容作出明确的界定。在教育实践中，由于隐私权立法的空白，所以中小学的隐私权不可避免地与教师教育权与父母监护权发生冲突。

1. 中小学生隐私权与教师管教权的冲突

通过梳理教师侵犯学生隐私权案例可以发现，除了个别处于教师自身

---

① 劳凯声、郑新蓉：《规矩与方圆——教育管理与法律》，中国铁道出版社1997年版，第305页。

好奇心与变态心理故意侵犯学生隐私权的案例外，大多数老师并不知道哪些属于学生自身的隐私权，应该给予保护，应该通过什么方法进行保护。

教师管教权属于一种积极权利，主要是教师在教育学生过程中享有的教育、评价等权利。由于教育活动的复杂性，教师教育学生的过程中不可避免地会通过信息载体实现对学生的规诫，从而保障教育的顺利进行。比如，评价学生成绩是教育过程中的重要环节，公布学生成绩在激励学生上进、评估学生进步等方面起到重要作用，但是学生成绩是学生的隐私，这就造成权利的冲突。因此，就需要通过立法明确学生隐私的内容，合理确定不同权利之间的界限，确立区别保护标准。

2. 中小学生隐私权与父母监护权的冲突

监护权是对于无民事行为能力和限制民事行为能力的未成年人和成年精神病人的合法权益实施管理和保护的法律资格。① 父母的监护权是宪法赋予的，具有合法性。

在父母抚养子女的过程中，除了了解孩子的年龄、兴趣爱好等基本信息外，还需要了解子女的学习成绩、日常交往对象等内容，以便及时防止危害中小学生正常生活的事件发生。由于现行法律没有明确区分隐私权内容，父母不可避免地要通过翻阅学生日记、查看聊天记录等形式了解他们日常情况，所以造成了权利的冲突。

第二节　侵犯中小学生隐私权现状及其原因

一　侵犯中小学生隐私权主要表现

由于中小学生所处的身心发展阶段、特殊的校园环境，加之部分教师不能依法从教，所以在日常教育活动中容易造成对中小学生隐私权的侵害。根据现有研究成果和媒体报道，侵犯中小学生隐私权的表现主要可以归结为未经允许翻看学生日记、信件及手机短信，不适当公开学生的生理缺陷或者家庭背景，不恰当公布学生学习成绩，安装摄像头对学生隐私权的侵犯等。

---

① http://baike.baidu.com/view/1457748.htm.

1. 未经允许翻看学生日记、信件及手机短信等

学生日记、信件及手机短信属于学生个人所有，具有极高的私密性，部分老师出于教育学生的需要，或者在好奇心的驱使下，未经允许翻看上述信息，侵犯了学生隐私权。例如，某校初中班主任吴老师在批改作业时发现学生高某的作业本中夹有写给某女生的一封信，吴老师顺便看了。这是高某写给女生的一封情书，吴老师看后非常生气，在班会上对高某进行了批评。第二天高某在家里留了一张纸条后便离家出走，高某家长找到吴老师理论，要求把高某找回。吴老师解释说："我是老师，教育学生是我的职责，批评他是在教育他。他是从家里出走的，跟我的工作没有关系。"事实上，吴老师的行为已经侵犯了学生的隐私权，应该采取积极措施补救自己行为，以免酿成更严重后果。

2. 不适当公开学生的生理缺陷或者家庭背景

1995 年，北京市丰台区人民法院开庭审理了一位母亲以学校侵害其孩子隐私权为由，要求某学校支付经济损失 75 万元、精神损失 30 万元的案件。该生学习能力较差，无法通过中考升入中学，为了能让孩子继续升学，母亲应学校的要求到医院给孩子开了一张"中度智力低下"的证明，并向学校申请孩子年龄已大，不适宜留级，希望让他升入初中。然而她没想到这张证明给孩子带来了长达两年的精神伤害，学校很快把这个秘密公之于众。课上，老师当着众多同学的面多次侮辱其是"弱智""白痴""大傻子"。随后，该生被医生诊断患了精神分裂症，严重影响以后的生活。另外，中小学生在申请国家救助的过程中，学校为了保障信息公开，采用校园公告等形式对学生的家庭的经济条件进行公示，也造成了对学生隐私权的侵犯。

3. 不恰当公布学生学习成绩

在以往的教学管理中，公布学生成绩是激励学生努力学习的重要方式，但是这种公布学生排名的方式，容易给成绩波动较大的学生造成压力，有些学生由于不堪公布成绩带来的压力而自杀，酿成严重后果。随着教育观念的转变，人们逐渐认识到学生成绩属于学生隐私，应该给予尊重与保护。

4. 安装摄像头对学生隐私权的侵犯

在学生魏某和小云读高三期间，学校电视台于一天播出了晚自习时他们两人搂抱、亲吻的镜头。尽管镜头上两人的脸都打了马赛克，但熟悉的

人还是一眼就可以看出是谁。当时，两人的感受是"非常之难受、尴尬、难堪、震惊"，"导致情绪很消沉，高考成绩也受到很大影响"。2003 年 8 月 4 日，魏某以"学校擅自录像、公开播放的行为构成侵犯自己的隐私权、人格权、名誉权"等理由，要求学校公开道歉，并赔偿精神损失费 5000 元。虹口区人民法院对此案进行了公开审理，判决驳回起诉，后魏某上诉至上海市第二中级人民法院，法院认为学校行为侵犯学生隐私权，其法律诉求得到支持。

二　侵犯中小学生隐私权的原因

1. 中小学生保护隐私权意识淡薄

宪法及相关法律未将隐私权界定为独立人格权，在司法实践中，对侵犯隐私权的行为处罚不当等，造成人们对隐私权保护处于忽视状态。受几千年来封建文化的影响，公民权利意识一般处于被压抑的状态下，在自己合法权利受到侵害时，没有保护意识；另外，人们受自己的好奇心等其他因素的影响，又会随意翻阅他人信息或者窃听他人电话内容。

关于隐私权知识的缺乏造成保护隐私权意识淡薄。隐私权是一种消极权利，是受到法律保护的人格权利，其内容包括个人信息、通信记录、日记等各种形式的具有私密性质的信息。维护隐私权的途径是多样的，当自己的隐私信息得到披露后，中小学生有权利通过诉讼途径维护自己合法权利。

2. 缺乏协调教师教育管理知情权与学生隐私权冲突的方法

在教育实践过程中，缺乏协调教师教育管理知情权与学生隐私权冲突的方法是造成侵犯中小学隐私权的重要内容。由于中小学生辨别善恶能力不足，为了更好地教育其成长成才，教师不可避免地要对其交往对象进行适当了解，从而保障其不受外来不当因素的影响。传统意义上，公布学生成绩是鼓励学生努力学习的重要手段，但是这在一定程度上侵犯了学生隐私权。当学生违纪的情况下，相关法律赋予了教师进行教育管理的权力，但是法律并未对哪些行为属于违纪行为、对何种违纪行为应该给予何种处罚、处罚的结果是否应该公示等方面进行明确规定。现行法律的空白、教师教育管理方法无法适度等因素造成了对学生隐私权的侵犯。

3. 缺乏界定中小学生隐私权的明确概念和法律规范

《宪法》、《中华人民共和国民事诉讼法》（以下简称《民事诉讼法》)、《中华人民共和国刑事诉讼法》等都涉及了对公民隐私权的保护，但是这些法律并没有提出明确的隐私权概念，更没有针对性地提出中小学生隐私权的概念、内容及保护途径等，只能从上述法律中推理出解决问题的基本原则与程序性规定，不具有可操作性，使中小学生隐私权保护陷入困境。

第三节　我国法律对隐私权的法律保护及世界经验

一　我国法律对隐私权的法律保护

1. 宪法对隐私权的保护

大多数国家的宪法都直接或者间接对公民隐私权进行了规定。一般采用两种方式，一种是将隐私权确立为独立的民事权利，另一种是将隐私权附属在其他人格权中，并未将其作为直接权利。我国采用的是后一种模式，尚未将隐私权界定为直接权利，而是将其附属在其他人格权中。《宪法》是我国的根本大法，其有关隐私权的规定为其他法律、法规从不同角度对公民的隐私权进行保护提供依据。

《宪法》第37条规定，公民的人身自由不受侵犯。任何公民，非经人民检察院批准、决定或者人民法院决定，并由公安机关执行，不受逮捕。禁止非法拘禁和以其他方法非法剥夺或者限制公民的人身自由，禁止非法搜查公民的身体。第38条规定："中华人民共和国公民的人格尊严不受侵犯。禁止用任何方法对公民进行侮辱、诽谤和诬告陷害。""人格尊严"中就含有对隐私权的保护。《宪法》第39条规定："中华人民共和国公民的住宅不受侵犯。禁止非法搜查或者非法侵入公民的住宅。"其中公民住宅是隐私权的重要内容，是个人领域。《宪法》第40条规定："中华人民共和国公民的通信自由和通信秘密受法律保护。除因国家安全机关或者检察院依照法律规定的程序对通信进行检查外，任何组织或者个人不得以任何理由侵犯公民的通信自由和通信秘密。"公民的通信属于隐私权的重要内容。

2. 民法对隐私权的保护

《民法通则》第102条规定："公民、法人享有荣誉权，禁止非法剥夺公民、法人的荣誉称号。"保护公民的荣誉称号是保障隐私权的重要方面，间接体现了对公民隐私权的保护。《关于贯彻执行〈民法通则〉若干问题的意见（试行）》第 140 条第 1 款规定："以书面、口头等形式宣扬他人的隐私，或者捏造事实公然丑化他人人格，以及用侮辱、诽谤等方式损害他人名誉，造成一定影响的，应当认定为侵害公民名誉权的行为。"《最高人民法院关于审理名誉权案件若干问题的解答》第 7 条和第 9 条中，指出："对未经他人同意，擅自公布他人的隐私材料或以书面、口头等形式宣扬他人隐私，致人名誉受到损害的，应按照侵害他人名誉权处理。""描写真人真事的文学作品，……披露隐私内容，致其名誉受到损害的，应认定为侵害他人名誉权。"《最高人民法院关于审理名誉权案件若干问题的解释》第 8 条规定："医疗卫生单位的工作人员擅自公开患者患有淋病、梅毒、麻风病、艾滋病等病情，致使患者名誉受到损害，应当认定为侵害患者名誉权……"

3. 刑法对隐私权的保护

刑法是关于犯罪和刑罚的法律规范的总称，为保障公民隐私权提供保障。《中华人民共和国刑法》中很多条款都间接对保障公民隐私权提供保障。第 252 条规定："隐匿、毁弃或者非法开拆他人信件，侵犯公民通信自由权利，情节严重的，处一年以下有期徒刑或拘役。"第 283 条规定："非法生产、销售窃听、窃照等专用间谍器材的，处三年以下有期徒刑、拘役或管制。"第 245 条规定："非法搜查他人身体、住宅，或者非法侵入他人住宅的，处三年以下有期徒刑或拘役。司法工作人员滥用职权，犯前款罪的，从重处罚。"第 284 条又规定："非法使用窃听、窃照等专用器材，造成严重后果的，处二年以下有期徒刑、拘役或管制。"

4. 诉讼法对隐私权的保护

《民事诉讼法》第 68 条规定了涉及个人隐私的证据应当保密；第 134 条规定将涉及个人隐私的案件排除在公开审理的案件之外。这些规定都有利于避免因民事诉讼而公开或进一步公开个人隐私而造成的对公民隐私权的侵害。

《中华人民共和国行政诉讼法》第 32 条规定：代理诉讼的律师，可以依照规定查阅本案有关材料，可以向有关组织和公民调查，搜集证据。对涉及国家秘密和个人隐私的材料，应当依照法律规定保密。经人民法院许可，当事人和其他诉讼代理人可以查阅本案庭审材料，但涉及国家秘密和个人隐私的除外。

《最高人民法院关于民事诉讼证据的若干规定》第 17 条规定：涉及国家秘密、商业秘密、个人隐私的材料，当事人及其诉讼代理人可以申请人民法院调查收集。第 48 条规定：涉及国家秘密、商业秘密和个人隐私或者法律规定的其他应当保密的证据，不得在开庭时公开质证。

5. 未成年人保护法对隐私权的保护

《未成年人保护法》第 5 条规定 "保护未成年人的工作，应当遵循下列原则：（一）尊重未成年人的人格尊严"，间接规定了对未成年人隐私权的保护。第 21 条规定："学校、幼儿园、托儿所的教职员工应当尊重未成年人的人格尊严，不得对未成年人实施体罚、变相体罚或者其他侮辱人格尊严的行为。"第 39 条规定："任何组织或者个人不得披露未成年人的个人隐私。对未成年人的信件、日记、电子邮件，任何组织或者个人不得隐匿、毁弃；除因追查犯罪的需要，由公安机关或者人民检察院依法进行检查，或者对无行为能力的未成年人的信件、日记、电子邮件由其父母或者其他监护人代为开拆、查阅外，任何组织或者个人不得开拆、查阅。"第 69 条规定："侵犯未成年人隐私，构成违反治安管理行为的，由公安机关依法给予行政处罚。"

现有法律的不足体现在以下方面。第一，尚未将隐私权确定为独立人格权。《宪法》《民法通则》都间接规定了与隐私权有关的内容，隐私权从属于名誉权，两者在性质、主体、客体及保护方法上都存在明显差异。侵犯隐私权的行为不一定必然侵犯名誉权，这就造成对隐私权保护的空白。第二，特别法律保护中存在不足。专门针对中小学生的《未成年人保护法》中，笼统规定 "任何组织和个人不得披露未成年人的个人隐私"，并未对其隐私的内容、界限等方面进行规定，造成无法可依。

二　法律保护隐私权的世界经验

现有的国际法中对公民隐私权保护进行了规定，保障公民隐私权是世界法律体系的重要组成部分。美国、英国、德国等国家对公民隐私权的保护都是值得借鉴的，以下研究选取了欧美法系的代表美国、英国和大陆法系的代表日本。

1. 美国法律对隐私权的保护

美国是最早对隐私权进行研究的国家。1890 年，塞缪尔·沃伦和路易斯·布兰帝斯在其《隐私权》中，第一次提出了隐私权的概念，开启了隐私权法律保护研究先河。接着威廉·普罗塞在《美国侵权行为法（第二次重述）》中把隐私权分为与私人生活有关的、与安宁生活有关的、与形象有关的、与姓名有关的隐私权等四部分，为隐私权研究提供重要思路。

在美国现行的法律体系中，构建起较为完整的隐私权法律保护体系。1930 年后，出现隐私权的判例，1940 年 Sidis 诉 F. R. 出版公司案确立了普通法对隐私权的认可。美国宪法第四条修正案规定：公民有权保护其身体、住所、文件与财物不受无理由拘捕、搜查、扣押和非法侵犯。1966 年《信息自由法》规定：政府保存的个人隐私信息不得任意公开。1968 年《一般犯罪防治及街道安全法》规范电子监听。1970 年《公平信用报告法》规范个人财务征信报告的资料收集和处理。1974 年《隐私权法》在程序上和内容上规范行政机关收集和保存各类个人信息。其他重要的法律法令主要有：《隐私权保护法》《家庭教育权和隐私权法案》《财务隐私权法》《受雇人测谎保护法》《录像带隐私权保护法》《驾驶人隐私权保护法》等。[①] 1974 年美国通过《个人隐私法》第 2 条第 1 款第 4 项规定：个人隐私权是受合众国宪法保护的一项个人的基本权利。

对中小学生隐私权的法律保护，美国作出了案例和相关的立法，1985 年的 New FerseyVT. L. 0. 案中，最高法院的判例显示学生享有隐私权，并受美国宪法第四条修正案的保护。1997 年联邦贸易委员会（FTC）警告经营者在未经儿童父母的许可下不得收集儿童信息，以保护儿童隐私权。针对未成年人隐私权保护的特殊性，于 1974 年颁布了《家庭教育权和隐私权法案》，对在校学生的隐私所及的范围、何种情形下可以公开学生的隐私、可以公开的隐私的范围、公开的程序、未成年学生的父母和成年学生的书面同意及违反未成年隐私权保护的处罚问题做了详细细致的规定。美国国会于 1998 年通过了《儿童在线隐私保护法》。该法针对网上青少年隐私权的保护，要求网络在搜集 13 岁以下儿童的个人信息前必须得到其父母的同意，并应允许儿童的家长保留将来阻止其使用的权利；网站必须说明所要收集的内容以及将如何处理这些信息。[②]

2. 英国法律对隐私权的保护

英国有关隐私权的研究并不发达，有关隐私权立法散见于不同法律

---

① 郭峰：《论隐私权的法律保护》，硕士学位论文，华东师范大学，2004 年。
② 王全弟、赵丽梅：《论网络空间个人隐私权的法律保护》，《法学论坛》2002 年第 3 期。

中。同样，英国法律尚未对隐私权进行明确规定，仅仅出现在一个专门特别法律中。但是英国专门出台了《数据保护法》，针对英国公民的性别、出生年月、身份信息等方面数据信息进行保护，对完善我国相关法律具有重要借鉴意义。

在儿童隐私权保护方面。1985 年 Gillick 案中提出了儿童自决权这一重要概念，在判决中，大多数议员赞成卫生部门的意见，允许医生向未满 16 周岁的女孩开避孕药，不需要咨询其父母意见或者征得他们的同意，并最终裁定，如果儿童具备足够的理解力和智力，享有自决权，父母应该尊重儿童这一权利，并保障其隐私。

另外，为了帮助少年犯罪儿童重新融入社会，英国专门制定了《少年司法与刑事证据法》，其中规定：设置少年犯罪小组，旨在基于恢复性司法的核心原则，对被侵犯隐私权的受害者提供帮助，使其能够顺利融入社会。

3. 日本法律对隐私权的保护

日本属于大陆法系国家，主要通过成文法形式确立对隐私权的保护。在日本现行的宪法中，并未直接对隐私权进行规定，根据日本学者和法律实践中的情况，多将隐私权作为宪法保障的基本权利。日本宪法第 14 条规定：一切国民，均作为个人而尊重。对生命、自由及追求幸福之国民权利，亦不违反公共福祉为限，需在立法与其他国政上，给予最大尊重。这一规定将"追求幸福权"作为日本公民基本权利，但是这一权利相对抽象，具有高度概括性和扩展空间，并将隐私权纳入其中。在司法实践中，隐私权也得到了保护。

日本受传统文化影响，与我国较为相似，缺乏对中小学生独立人格的尊重。但是 1946 年日本宪法将中小学生的独立人格作为一项基本权利给予确认，为保障中小学生的隐私权提供了进一步的法律保障。

1988 年的《有关行政机关电子计算机自动化处理个人资料保护法》中明确规定，中小学生的学习成绩具有私密性，学生的学习成绩属于个人私事，学生的考试成绩直接输入计算机，除了学生及其家长，其他任何人非经允许，不得获得学生学习成绩。老师也不允许对学生的学习成绩进行过分批评与表扬，从而防止产生对非成绩较差学生的歧视。

从以上国家有关隐私权法律保护上来看，以下几点值得我们借鉴。第一，重视立法保护中小学生隐私权。法律为保障中小学生权利提供坚强保障。与成年公民相比，中小学生心智不成熟，隐私权需要特别保护，美国、英国等国家都通过相关儿童法旨在保障其相关权利，其中隐私权是重要组成部分。虽然各个国家对隐私权的保护模式不尽相同，但是都结合各自法律实际，对中小学生权利给予特别保护。第二，直接保护的效果优于间接保护。直接保护是指将隐私权作为单独的人格权利，在宪法或者相关法律中加以界定，在纠纷发生后能够直接找到相关依据，有利于纠纷的解决与司法救济的实现，这对保障中小学生的隐私权更加直接，更加有利。第三，重视对个人信息及网络隐私的保护。信息技术的传播缩短了人与人之间的距离，给个人信息保护带来了困难，世界各个国家都对信息时代的个人信息及个人的网络隐私的保护给予了重视，取得了较好的效果。比如，美国的《信息自由法》《儿童在线隐私保护法》，日本的《有关行政机关电子计算机自动化处理个人资料保护法》，等等。

第四节　构建中小学生隐私权法律保护体系

一　将隐私权确立为独立民事权利

1. 宪法上明确保护隐私权

《宪法》是我国的根本大法，是其他法律法规制定的依据。《宪法》中对隐私权的间接规定，直接造成了中小学生隐私权保护的困境。由于隐私权的概念、内容和保护方法没有明确规定，所以引起司法实践中法律适用的混乱，虽然最高人民法院先后发布了若干司法解释，使得除了《宪法》规定的公民的人格尊严不受侵犯等，与人格尊严有关的侵权行为受到法律保护外，其他隐私权特有的内容得不到法律保护。因此，《宪法》中应写明"隐私权是受宪法保护的基本人权"。

2. 民法上确立独立隐私权

通过民法通则的形式赋予公民享有独立的隐私权，将其作为与公民的名誉权、肖像权、知情权等权利并行的权利，使其成为公民人格权的重要组成部分。当公民的隐私权受到侵犯时，可以依据法律直接向法院提起诉讼。我国《民法通则》没有明文规定隐私权，最高人民法院便以司法解释的方式将侵害隐私权的行为解释为侵害名誉权的行为。针对现行的民法通则中关于隐私权的内容和保护范围较小等弊端，应该将隐私权法律保护进行规定。

3. 拓宽刑法保护范围

现行刑法条文中除规定非法侵入他人住宅等行为应该受到刑法处罚外，很难对其他侵犯公民隐私权行为进行保护。世界上其他国家都专门针对隐私权规定为隐私罪，并将这种罪行从侮辱罪、诽谤罪中分离出来，使得公民隐私权得到最大程度的保护。

因此，应该借鉴其他国家先进经验，拓宽刑法保护范围，区分侵权行为程度，有针对性地对侵犯公民隐私权行为进行处罚。

二　出台中小学生隐私权保护条例

中小学生隐私权的保护具有特殊性，应该出台专门的中小学生隐私权保护条例合理划分隐私权的界限，明确隐私权的内容，规定侵犯隐私权的法律责任等，有针对性地保障中小学生的隐私权。

1. 划分隐私权的界限与内容

在保护中小学生隐私权的司法实践中，父母的监护权、教师的教育管理权与隐私权的冲突是困扰其权利保护的难题，应该明晰监护权、教育管理权与隐私权之间的界限。

（1）父母监护权与隐私权界限。美国《家庭教育权和隐私权法案》Family 中规定，学生在校期间的各种个人数据（学生的姓名、社会安全号码、既往病史等）、考试分数、所受的奖励、处罚等个人隐私，未成年人的父母及其他监护人有权了解。并且未经未成年人的父母同意，学校不可向第三者透漏以上信息，上述信息的记载若有错误，未成年人的父母有权要求学校更正。[①]借鉴这一经验，可以将中小学生隐私信息进行划分：以日记、QQ 记录、信件等为代表的属于学生个人隐私，父母在没有足够正当的理由下，禁止干涉；对学生成绩、在校表现及获得奖惩等信息，父母享有知情权。

（2）教师管理权与隐私权的界限。按照《未成年人保护法》规定，教师享有对学生的管理及教学评价权。借鉴美国《家庭教育权和隐私权法案》中将中小学生的隐私权分为一般隐私（其中主要包括姓名、户籍、联系方式、出生日期及出生地、专业特长、学生运动员的身高、学生运动

---

① Family Ideational Right to privately Act.

员的体重等系列信息，这类隐私学校可以不经过学生及其家长同意公开，由此引发的诉讼学校不负责任）和特殊隐私（这类信息主要包括学生学习成绩、学生所受处分及奖励等敏感度较高信息，这些信息如果泄露将会给学生发展带来影响，因此，非经学生允许，不得公开这类信息）。

2. 重视对中小学生网络隐私的保护

互联网的兴起极大地改变了中小学生的日常生活环境。在我国网民构成中，中小学生占了较大比重，由于中小学生所处的低年龄阶段，心智极不成熟，无法正确识别信息，缺乏对自己行为的判断能力及承担责任的能力，所以在进行与网络有关的活动中极易造成隐私权泄露情况。

鉴于中小学生进行网络活动的特殊性，美国、英国等国家甚至专门制定了针对中小学生网络隐私的保护法律。其中美国《儿童在线隐私保护法》规定，除非获得父母许可，从网络上收集 13 岁以下儿童的信息属于违法行为，违法者应该处以 1 万美元的罚款。

因此，在中小学生隐私保护条例中应该针对我国中小学网络隐私保护进行专门规定，主要包括法律保护对象、详细列举相关违法行为及应该给予的处罚。

3. 规定侵害中小学生隐私权的法律责任

一般侵权行为的构成要件包括有加害行为、有损害事实的存在、加害行为与损害事实之间有因果关系、行为人主观上有过错四个方面。侵犯中小学生隐私权行为构成要件也应该包括这四个要件。

第一，侵权行为。结合隐私权的特性，侵犯隐私权的行为包括动作、口头、书面或者通过互联网实施等使被侵犯人感知的行为。

第二，侵权后果。侵权后果不仅包括物质方面，而且包括精神方面，其后果大多表现为名誉损害、精神痛苦等。

第三，隐私权的违法行为与中小学生所受到的损害事实之间的因果关系因遵循单个特征，就是顺序性、客观性和必要性。侵权行为发生在侵害结果之前，侵害行为是客观存在，不是主观臆断。

第四，行为人主观过错。过错包括故意和过失两种形式。故意是指教师出于个人好奇心或者变态心理对学生隐私权的侵害；过失是指教师不顾行为结果，不尊重学生权益对学生隐私权的侵害，主要是因为学校对其行为结果毫不顾忌，对学生利益不尊重，虽然是过失行为，但仍要承担责任。

　　我国《民法通则》规定，承担民事责任的方式主要有以下几种：停止侵害，排除妨碍，消除危险，返还财产，恢复原状，修理、重作、更换，赔偿损失，支付违约金，消除影响、恢复名誉，赔礼道歉。结合隐私权的特征及中小学生的年龄特点，侵犯中小学生隐私权的法律责任主要是停止侵害、赔礼道歉、赔偿。侵害隐私的损害具有不可恢复的特点，隐私一旦被公开就不再算是隐私，就不能对当事人采用消除影响、恢复名誉等民事责任，而是用赔礼道歉、停止侵害、赔偿的方式，其中赔偿包括赔偿经济损失与精神损失两个重要方面。

第四章

中小学生权利救济研究

随着中小学生越来越重视保护自身权利，学校与学生之间的纠纷更是层出不穷，学校及教育行政部门屡屡被推上被告席，但是现有的权利救济途径并不能充分保障中小学生的合法权利，导致中小学生的权利救济的法律盲点。本书将围绕中小学生权利救济的主题，梳理出中小学生权利救济的现状，揭示现有权利救济途径存在的问题，构建保障中小学生权利救济的有效途径。

第一节　中小学生权利救济概论

一　中小学生权利内涵及主要内容

我们熟知，作为国家的公民，我们享有权利。什么是权利，每个人基于个人的经历及认识等会有不同的界定。如我国的学者对于权利具有以下几种类型的界定。1984 年出版的《中国大百科全书·法学》将权利界定为法律对法律关系主体能够作出或者不作出一定行为，以及其要求他人相应作出或不作出一定行为的许可或保障。而陈守一和张宏生在其主编的《法学基础理论》一书中将权利释义为法律关系的主体具有自己这样行为或不这样行为或要求他人这样行为或不这样行为的能力或资格。1993 年，张文显主编了《马克思主义法理学》，他在书中先评价了"中外法学中主要的权利释义"可以分为八种（资格说、主张说、自由说、利益说、法力说、可能说、规范说、选择说），然后提出了他对权利的定义，认为权利是规定或隐含在法律规范中、实现于法律关系中的主体以相对自由的作为或不作为的方式获得利益的一种手段。

　　以上对于权利的论述具有相似之处，认为权利是一种相对自由或者不自由的作为方式，权利来源于法律。但是这些观点之间也存在着一定的分歧，如第一、第二个观点认为权利是显现于法律条文之中，即权利来源于明显的法律条文，但是第三种观点认为，一些权利可能隐含在法律条文之中，其范围大于前两种观点。

　　除了这种划分的方式之外，有些学者还从权利的运行阶段对权利进行了划分。例如，权利作为一种社会现象，按其运行规律，可分为三个阶段，呈现为三个表现形态：第一是应有权利；第二是法定权利；第三是实有权利。

　　应有权利不是任何一个阶级所具有的主观人性，而是反映社会进步的内政要求，反映了作出主体的个体的价值的至高无上性，是和物质生活条件紧密相连的。应有权利在法律没有给予确认和保障的情况下，受到以下一些社会力量和因素的不同形式和不同程度的承认和保护：一是各种社会组织，包括政党与社会团体的纲领和章程；二是各种形式的乡规民约；三是社会习俗、习惯和传统；四是人们思想中的伦理道德观念和社会政治意识。

　　法定权利指的是国家法律所规定的公民权利，但有时法律虽然规定了，而实际上公民并未拥有，这就涉及第三个方面，即公民实际拥有的权利。[①]

　　根据权利的定义，我们可以得知，学生权利是指学生在教育教学活动中所享受到的权利，是一种作为或者不作为的行为方式。目前，多数学者认为，学生作为一个特殊的群体，其权利具有两重性的特征：首先，学生是国家的公民，享有国家公民的基本权利；其次，学生是一个特殊的社会群体，按照相关法律的规定，学生享有教育法律上规定的一些权利。在教育教学过程中，学生的主要身份是后者；在教育领域中，学生在与教师、学校形成的关系中，既是教育和管理的客体，处于被教育和被管理的地位，又是教育的主体，具有独立的人格。[②] 学生具有二重身份，他们既是国家公民，同时又是正在学校接受教育的公民。对于学生，如果看不到其在一般意义上的公民身份这

----

① 周军：《学生权利问题之研究》，硕士学位论文，华东师范大学，2001年。

② 刘丽：《教师权力和学生权利关系探析》，硕士学位论文，南京师范大学，2004年。

一普遍性是不对的，同时如果看不到其作为正在接受教育的公民这一特殊性也是不对的。因此，学生的二重身份决定了其所享有权利的普遍性与特殊性。故在探析学生权利时，我们要从其普遍性和特殊性两个维度切入。

1. 基于公民身份，享有的基本权利

公民权利是社会成员的个体自主和自由在法律上的反映，是国家对公民所承诺和维护的权利，是一种社会所认可的赋予公民个体可做或可不做的自由，包括依照宪法和法律所享有的各种政治、经济和社会权利。其具有以下特征。

（1）主体性。即作为社会主体的公民，正因为享有相应的权利而成其为公民。在这一意义上的公民权利不同于人权，主要在它以积极的政治权利（其中心是选举权和被选举权）使公民成为社会的政治主体。除此之外，其余各项是包括人权在内的各种权利的共同特征。

（2）社会性。即公民权利乃至权利之为权利，是由社会所认可的，而不是个人的任意主张。权利是被明文写在宪法和法律中，并由国家权力强制性维护的。

（3）形式性。即社会和国家只承诺公民个体有相应的可做和可不做的自由，但并不保证公民个体实际能够做什么乃至于做成什么。比如，每个公民都有接受高等教育的权利，而国家维护这一权利只表现在纠正任何非法剥夺任何公民该权利的行为，而并不保证每个公民都能实际地接受高等教育。

中国宪法对公民权利的地位作了明确规定。中共十六大报告中指出的全面建设小康社会的目标之一即是人民的政治、经济和文化权益得到切实尊重和保障。《宪法》规定，中华人民共和国年满十八周岁的公民，不分民族、种族、性别、职业、家庭出身、宗教信仰、教育程度、财产状况、居住期限，都有选举权和被选举权；但是依照法律被剥夺政治权利的人除外；中华人民共和国公民有言论、出版、集会、结社、游行、示威的自由；中华人民共和国公民对于任何国家机关和国家工作人员，有提出批评和建议的权利；对于任何国家机关和国家工作人员的违法失职行为，有向有关国家机关提出申诉、控告或者检举的权利，但是不得捏造或者歪曲事实进行诬告陷害；中华人民共和国公民有劳动的权利、休息的权利、受教育的权利。我国的《民法通则》规定，作为我国的公民，还享有以下几种权利：财产权，包括财产所有和财产继承等权利；债权；知识产权；人身权，如生命健康权、姓名权、肖像权、名誉权、荣誉权、婚姻自主权等一系列的权利。这也是学生所享有的种种权利。

2. 基于学生的身份，享有的特殊权利

学生在作为一名公民的同时也是一名学生，根据《教育法》第9条、第36条和第42条的规定，受教育权的内容具体包括以下几个方面。

(1) 受教育权机会的平等权

《教育法》第36条规定："受教育者在入学、升学、就业等方面依法享有平等的权利。"《义务教育法》第4条规定："凡具有中华人民共和国国籍的适龄儿童、少年，不分性别、民族、种族、家庭财产状况、宗教信仰等，依法享有平等接受义务教育的权利，并履行接受义务教育的义务。"基于上述法律规定，义务教育阶段公民受教育的平等权表现为入学权利平等、教育条件和教育效果的平等，即力争实现实质上的平等。为此，各级人民政府必须合理配置教育资源，促进义务教育均衡发展；而对非义务教育阶段公民而言，国家通过统一的入学考试制度，为公民获得受教育机会提供一种公平竞争的环境和公正选拔的手段，从而最大限度地保证公民受教育机会平等的权利，即所追求的仅是法律形式上的平等，而非实质平等。由此可以看出，国家对义务教育阶段公民受教育权机会的平等权实现承担着更多的责任。

(2) 享有教育资源权

享有教育资源权是保障学生参加学习、接受教育的前提和基础。《教育法》第42条第（一）项规定，公民享有参加教育教学计划安排的各种活动，使用教育教学设施、设备和图书资料的权利。其中教育教学计划安排的各种活动涉及学生的上课权、考试权和参加课外活动等项子权利。这里有必要强调的是，对义务教育阶段的公民教育资源权的享有，首先要求各级人民政府必须积极履行合理配置教育资源的职责，具有社会权的典型特征。其次，不论何种阶段的教育，公民一旦成为在学教育的一员，学校和其他教育机构都必须组织好各种教育教学活动，保证所有学生教育资源的享有权充分实现。

(3) 获得物质帮助权

获得物质帮助权是指受教育者在学习过程中享有国家、社会、学校和家庭等方面提供的物质性帮助的权利。《教育法》第 42 条第（二）项规定，受教育者享有按照国家有关规定获得奖学金、贷学金和助学金的权利。

（4）获得救济的权利

"有权利必有救济。"《教育法》第 42 条第（四）项规定，受教育者享有对学校给予的处分不服向有关部门提出申诉，对学校、教师侵犯其人身权、财产权等合法权益，提出申诉或者依法提起诉讼的权利。该项规定赋予了受教育者享有受教育申诉权与诉讼权。当受教育权面临侵犯时，受教育者有权要求侵权人停止侵权行为，并有权提出申诉或者依法提起诉讼，从而获得救济和补偿。

（5）获得相应的公正评价权和学业证书、学位证书权

获得相应的公正评价权是指学生在教育教学过程中，享有要求教育主管部门、学校、教师对自己的学业成绩、道德品质等进行公正的评价，并客观真实地记录在个人档案中。这要求教育主管部门、学校、教师应遵循公正原则，依规定的标准对受教育者进行评价，在受教育者或其监护人对评价产生疑问时，有义务为他们提供适当形式的便利以澄清事实和纠正失误。

获得学业证书和学位证书权是指在校接受学习的学生经考核合格后有权获得相应的学业证书和学位证书的权利。学业证书、学位证书是对学生某一阶段受教育时期的学业成绩、学术水平和品行的终结性评定，对学生的升学、就业和今后的发展具有十分重要的作用。

二　中小学生权利救济的含义

权利救济是法律领域的重要概念。目前学术界对其尚未形成统一概念。有的学者认为，权利救济是对已发生或已经造成伤害、危害、损失或损害的不当行为进行纠正、矫正或改正、补救。① 有的学者认为，权利救济是指当事人违反法律、法规或其他规范性文件的规定，在给予必要的处罚前，有关部门应当给予被处罚者以一定的机会，让其对自己的行为进行

① 吴小平：《建立大学生权利救济机制的必要性和可行性研究》，《成都航空职业技术学院学报》2006 年第 2 期。

必要的辩解、申诉和说明。①

上述定义包含了权利救济的两个主要因素：公民权利受到侵害和针对侵害进行补救。因此，本书将权利定义为：在权利人的实体权利遭受侵害的时候，由有关机关或个人在法律所允许的范围内采取一定的补救措施消除侵害，使得权利人获得一定的补偿或者赔偿，以保护权利人的合法权益。一般来讲，当权利人的权利遭到侵害的时候，他们通常会选择以下方式解决冲突问题：自我帮助；逃避；协商；通过第三方解决；忍让。我们认为，逃避和忍让的方式不属于救济的范畴，因为这两种方式虽可以使得纠纷或者冲突得到解决，却未能够使得受损的权益得到恢复或者补救，也就是说，权利得到救济意味着纠纷得到了解决，但是反过来纠纷的解决却未必是救济权行使的结果。本书所论述的权利救济旨在通过某种积极方式的运用，使得受损权益得到恢复或者补救。由此可以认为，救济是对法律关系中由于一方当事人违反义务所造成后果的一种矫正，它意味着合法权利的实现和法定义务的履行，即通过救济使原有权利得到恢复或者实现。它包括两种情形：其一，在权利能够"恢复原状"的情况下，通过排除权利行使的障碍，促使冲突主体继续履行其应履行的义务，以使权利的原有状态得以恢复；其二，在不能"恢复原状"的情况下，通过和解或强制的方式使由冲突或者纠纷的影响造成的实际损失、危害、伤害、损害得到合理的补偿或者赔偿。

根据法律规定，公民权利救济有三种方式：一是私力救济，指由受害人本人或利益关系人直接向实施侵权行为的人进行反击和惩罚，在法治社会，私力救济基本上被废除，只有在紧急情况下，有法律明确授权的情况下才能进行，如正当防卫和紧急避险；二是公助救济，又称"类法律方式的救济"，如针对民事纠纷的调解，在保持中立的第三人主持和调解下，由双方当事人协商解决纠纷；三是公力救济，也就是法律救济，如司法救济，通过诉讼的形式，由国家司法机关解决纠纷。②

中小学生权利救济主要基于中小学生的特殊身份，中小学生在特定机构作出处罚后，相关机构提供途径给学生辩解、申诉和说明。

---

① 张道许：《法治视野下高校管理权与学生权利的冲突与平衡》，《江西金融职工大学学报》2007年第1期。

② 汤帮耀：《高校学生权利救济的困境与对策研究》，硕士学位论文，南工业大学，2007年。

三　中小学生权利救济的原则

从法理上，原则是具体规则的高度概括，主要是指贯穿司法实践始终的基本精神与基本原理，主要运用在现有法律条文出现纰漏或者立法空白时，旨在保障法律的统一性。具体在中小学生权利救济的实践中，现行的法律并未对中小学生权利救济进行规定，但是实践中确实存在多种多样的侵犯学生合法权益的行为，迫切需要对相关原则进行探讨，从而保障中小学生合法权益。中小学生权利救济的基本原则应该包括侵害必有救济、及时救济及救济法制化等基本原则。

1. *侵害必有救济原则*

自然法学家认为，为了防卫来自外部的伤害，人们将每个人的部分权利让渡给政府，签订共同契约，政府负责保卫每个人的自由、生命和财产权利，而这种保护是没有个体差别的，只要针对个体的侵害发生，国家必须运用自身权利进行救济。按照这一说法，中小学生是公民重要组成部分，其权利应该受到保护，特别是由于中小学生所处的年龄阶段及认识能力等方面存在的局限，应该给予特别保护。

2. *及时救济原则*

迟来的正义即为非正义。当中小学生的权利受到侵害后，在有限时间内无法获得有效的救济或者实施救济的程序过于烦琐超出其能力范围，这样的救济方式是无益的。在构建中小学生权利救济制度时，应该充分考虑中小学生的身心发展状况、能力限度等方面，在时间上缩短救济处理时间，在程序上简化救济程序，减少过多的、不必要的环节，便于及时救济。从经济成本的角度考虑，权利救济产生的经济成本不能超出救济者的经济承受能力。

3. *救济法制化原则*

没有救济就没有权利。但是，中小学生权利救济必须依照现有法律进行，不能与现行法律相抵触。"法律是人类最大的发明，别的发明使人类学会了驾驭自然，而法律使人类学会了如何驾驭自己。"权利救济离不开法律这个根本框架，任何行为必须以法律为准绳。

第二节　现有中小学生权利救济的制度及其不足

权利救济是保障学生合法权利的重要环节。《教育法》和《中华人民共和国高等教育法》（以下简称"高等教育法"）等相关法律都提出了构建针对学生的权利救济途径。在《高等教育法》《普通高等学校学生管理规定》等相关文件的支持下，高等教育的学生的权利救济已经取得了较大进步，有力保障了大学生的受教权、学术自由等。但是，在法律上，中小学生权利救济属于空白，法律上的空白直接导致了中小学生权利救济的困境。

随着依法执教理念的不断深入、学生管理水平的不断提高，有些省市开始逐渐尝试构建针对中小学的学生权利救济制度。结合现有的教育法制，中小学生权利救济可以概括为校内救济和校外救济两个重要部分，其中校内救济主要为校内申诉。

一　现有中小学生权利救济途径

1. 中小学生权力救济的校内途径

学生申诉制度是学生在接受学校教育过程中，对学校给予的处分或处理不服，或认为学校、教职工侵犯其人身权、财产权等合法权益，依法向教育行政部门或学校提出要求重新作出处理的制度。学生申诉制度是学生申诉权得以实现的制度保障，它具有以下几方面的性质和特点。

学生申诉制度是一种法定的专门申诉制度。学生申诉制度是基于公民宪法权利——申诉权，根据教育法及相应的法规和规章的规定而设立的，是公民申诉权在教育领域中的具体体现，是专门解决学生与学校及教师之间特殊的教育法律纠纷的合法途径。

学生申诉制度是一种行政性（或非诉讼性）的教育申诉制度。学生申诉是学生接受教育过程中，对学校或教师作出的处理或处分不服，而向学校或教育行政部门提出的申诉，不是诉讼领域向司法机关提出申诉。其申诉内容、程序、条件等也不是诉讼性的，而是一种行政性的教育申诉制度，主要由教育行政机关或学校行使行政性裁决权来解决教育法律纠纷。

学生申诉制度是一种特殊的权利救济制度。由于学校地位的特殊性，在校学生与学校之间存在不同于一般民事或行政法律关系的特别权利义务关系。学生在接受教育的过程中，始终处于被教育和管理的地位。学生的合法权益受到非法或不当侵害既不能采取拒绝、回避的办法来保护，也不能采取其他强制手段来制止侵害行为，学生只能通过法定的申诉制度来维护自身的合法权益。

《普通高等学校学生管理规定》对高等学校学生申诉的机构设置、人员组成、受理范围、申诉时效、申诉期限等方面进行了规定。由于现有法律尚未对中小学生权利救济进行立法，在实践中常常存在随意性，《普通高等学校学生管理规定》中的相关规定中体现出的基本法理、基本规范高度概括了现有学生申诉制度的基本脉络。

第60条规定："学校应当成立学生申诉处理委员会，受理学生对取消入学资格、退学处理或者违规、违纪处分的申诉。学生申诉处理委员会应当由学校负责人、职能部门负责人、教师代表、学生代表组成。"这就说明学生申诉受理机关是学生申诉处理委员会。

第61条规定："学生对处分决定有异议的，在接到学校处分决定书之日起5个工作日内，可以向学校学生申诉处理委员会提出书面申诉。"学生提交的书面申诉应该包括以下内容：申诉人的姓名、年龄、性别、年级及申诉日期等；被申诉的学校部门名称、地址、法人代表等基本问题；申诉的理由和事实经过，主要包括被申诉人侵害申诉人的具体行为及实施经过，并陈述相关依据；诉讼请求。主要基于被申诉人的侵权事实，要求受理机关重新处理或者撤销裁决。

按照现有的中小学生申诉制度的规定，学生可申诉的问题包括学校在学生学籍、考试、校规等方面的处理；学校违反规定收费；教师强迫学生购买辅导教材、强迫补课；教师私拆学生信件、体罚或者变相体罚学生；教师侵犯学生著作权、发明权等。

受理机关在接到学生的书面申诉后，依据具体情况对学生申诉书进行初步审查，审查内容主要包括申诉人的资格、申诉内容的范围及申诉权限等问题。对于属于本受理机关主管，并且申诉内容符合规定的，在规定期限内进行受理；对于不属于本受理机关管辖的，应该告知学生向其他部门进行申诉或者驳回申诉；对于书面申请不合格，而属于本机关管辖权限的，要求学生在法定时间内，充实申诉书内容，并重新提交申诉书。

学生申诉处理委员会对学生提出的申诉进行复查，并在接到书面申诉之日起 15 个工作日内，作出复查结论并告知申诉人。主管机关受理后，对申诉进行调查核实，根据实际情况作出处理。学校、教师或者其他教育机构的行为或者决定符合法律规定，适用法律正确，维持原有的处分及结果；学校、教师或者相关教育机构的行为，适用法律错误，侵犯事实确凿，撤销原有处理决定；对学生处分所依据的校规与宪法等法律法规相抵触的，撤销原有处理决定。学生对受理机关的处理结果不服的，可再向其他受理机关提起申诉或者向人民法院提起诉讼。

2. 中小学生权力救济的校内途径

（1）教育行政复议

教育行政复议制度，是指个人或者组织以国家行政机关的具体行政行为侵犯其教育法所保护的合法权益为由，依法请求行政复议机关对其行为进行审查，以保障其合法权益，行政复议机关依法定程序复查并作出决定的法律制度。[①] 教育行政复议遵循以下原则。

一是合法、公正、公开、及时和便民原则。其中合法原则是任何行政行为和司法行为都必须遵守的基本原则。公正原则，是指行政复议要符合公平、正义的要求。公开原则，要求行政复议的依据、程序及其结果都要公开，复议参加人有获得相关情报资料的权利。及时原则，是指复议机关应当在法律许可的期限内，以效率为目标，及时完成复议案件的审理工作。便民原则，要求行政复议要方便行政相对人获得该种行政救济，而不因此遭受拖累。

二是书面审查原则。行政复议是一种行政司法行为，它具有行政性，不仅要追求公平，更要追求效率。行政复议不可能像行政诉讼那样要经过严格的开庭辩论程序，只需根据双方提供的书面材料就可以审理定案，以求实现行政效率。

三是合法性和适当性审查原则。这一原则要求，行政复议机关在实施行政复议时，不仅应当审查具体行政行为的合法性，还要审查它的合理性。

（2）司法救济制度

司法救济是指当宪法和相关的教育法律法规赋予学生的合法权益受到侵害时，人民法院应当对这种侵害行为作有效的补救，对受害人给予必要

---

① 余雅风：《新编教育法》，华东师范大学出版社 2008 年版，第 242 页。

和适当的补偿，以最大限度地救济他们的生活困境和保护他们的正当权益，从而在最大限度上维护基于利益平衡的司法和谐。

司法救济是解决社会冲突与纠纷的最后的救济方式、最高的救济方式，是实现社会公正的最后一道防线。司法救济的途径包括民事诉讼和行政申诉，当幼儿园、学校或其他教育机构对学生合法权益的侵害属于一般的民事行为时，学生可以依法提起民事诉讼；若幼儿园、学校或其他教育机构的侵权行为触犯刑律，具有刑事违法性质时，则构成犯罪，学生可以通过刑事诉讼获得救济。完善学生权利救济的途径，可以构建新的权利救济制度——教育仲裁，设置专门的教育仲裁委员会对于学生与学校之间的纠纷依据法律规定进行调节、裁决；将行政法的正当程序原则和行政比例原则引入司法实践，弥补法律规定的缺陷和不足。

二　现有中小学生权利救济不足

1. 中小学生在其权利受到侵犯请求法律救济时处于弱势地位

现行的教育体制决定了学生在教育管理关系中处于被管理者的弱势地位，在传统的师道尊严的教育观念影响下，由于教师的行为方式惯性及法制观念的缺乏，所以很少重视学生程序性权利的保护，对学生处分的程序存在严重瑕疵。没有正当程序，权利主体有丧失平等法律地位的危险，当学生认为自己的权利受到侵犯、对学校给予的处分或者处理有异议时，他们会向学校或者教育行政部门提出申诉。申诉机构往往由学校各部门的相关人员组成，而这些人员或是学校的上级主管人员，或是学校的工作人员，都与学校存在着管理上的隶属关系，在人、财、物各方面都依附于学校，不具有实体上的独立性；许多申诉机构本身就是规章制度的制定者和执行者，出现裁判者与决策者、执行者三位一体的局面，导致学生在其实体权利遭受侵犯寻求法律救济过程中处于投诉无门和被审查的弱势地位。

2. 权利救济机制的缺失导致学校纠纷中私力救济越来越普遍

在学校纠纷中，由于缺乏相对应的公力救济裁判机构和裁判机制，导致受侵害者的许多权利无法通过国家权力的强制介入获得救济。然而，每一个认为自身权利受到侵害的人都有一种获得相应纠正和补救的要求，在无法通过国家强制力的公力救济解决的情况下，受侵害者便会采用私力救济的方式自行解决。私力救济的解决方式虽然直接、便利，但是因其带有强烈的个人色彩，极易受个人情绪、喜好等各方面的影响，受侵害者易产生过激行为。《教育法》第 42 条规定，受教育者享有对学校给予的处分不服向有关部门提出申诉的权利。但对此类权利是否可通过诉讼途径获得司法保护，至今没有明确的法律规定，这就导致现实生活中，全国各地做法不一，有的地方法院以行政诉讼的形式受理了学生与学校基于教育管理关系而形成的学生对决定不服的部分案件。

3. 中小学生的许多切身利益得不到有效的法律保障

从当前我国中小学生权利救济的现状可以看出，学生的切身权利因学校的教育及奖惩措施而受到侵害时，被看作是学校内部的管理关系而排除在法定的司法救济手段范围之外。只有法定的权利，却没有相应的权利救济制度，导致这种权利在实际生活中形同虚设；虚设的权利不仅不能满足学生的期望，反而会在权利遭到侵害时因得不到及时救济而使矛盾激化。就此意义而言，得不到救济的权利比没有权利更容易导致恶性事件的发生。

现行诉讼法律之间不衔接，使中小学生的权利救济受到极大限制。刑事诉讼、民事诉讼、行政诉讼都有各自确定的适用范围，但是在教育领域，当学生的权利受到侵害后，学生的权利无法得到有力保障。比如，学生的受教育的权利，既不属于人身权利，也不属于财产权利，现行的民事诉讼法、行政诉讼法直接规定的受理案件范围中都不包括学生与学校关于受教育权的纠纷，这样在司法实践中，有的案例中将其适用民事诉讼，有的案例将其适用为行政诉讼，有的法院甚至不受理此类案件。

第三节　完善中小学权利救济途径的建议

一　学生申诉制度的建构与完善

目前，我国的学生申诉制度，既缺乏法律理论的支撑，也缺乏可操作的具体制度，学生的教育申诉权很难真正得到落实。有学者认为，现有的学生申诉制度的缺陷与不足主要表现在：一是主体缺失，即没有专门负责受理学生申诉的机构；二是缺乏时效规定，学生申诉的处理在法律上没有时效规定，受理后在多长时间内作出处理决定等程序时限尚无法律规定，势必造成学生申诉的效率低下；三是性质途径不清，学生申诉制度在法律性质上属于哪一种救济制度，跟行政复议、行政诉讼制度有何关联性，学

生申诉后如何救济等问题就理不清。① 我国的学生申诉制度应当重点从以
下三方面加以健全和完善：一是建立专门的学生申诉受理机构，并明确相
应的申诉受理范围；二是明确学生申诉权行使过程中的程序性权利，规范
和健全相应的申诉程序制度；三是明确学生申诉制度的法律性质，厘清学
生申诉与教育行政复议、教育行政诉讼的关系，建立学生申诉后的救济
机制。

1. 明确学生申诉受理机构及受案范围

原国家教育委员会 1995 年《关于实施〈中华人民共和国教育法〉若
干问题的意见》明确规定，受理学生申诉的机构应当包括学校和教育行
政部门。该规定进一步要求学校必须建立学生申诉委员会作为学生申诉的
受理机构。学生申诉的受理机构应当包括学校内部的学生申诉委员会和教
育行政部门建立的学生申诉委员会。实践中存在的问题是教育行政部门或
学校领导对建立学生申诉委员会的重要性认识不够，甚至认为这样做会引
发学生与学校或教育行政部门的对立情绪，带来更多的麻烦。因此分管领
导和职能部门相互推诿，不愿涉及。同时，缺乏建立学生申诉委员会的编
制、专业人员和经费的保障，即便建立起来也是徒有其名，无法实际开展
工作。这就需要相应的观念、人员、经费等条件到位。同时，应当明确申
诉受理机构的法律责任：申诉机构无正当理由不予受理学生依法提出的申
诉，或者在规定期限内不作出申诉决定的，对有关负责人依法给予相应的
纪律处分或行政处分。申诉机构人员在申诉活动中，徇私舞弊或者有其他
渎职、失职行为，情节严重并造成严重后果，涉嫌犯罪的，移送司法机关
处理。

学生申诉的受理范围是一个值得认真研究的问题。根据学校或教师的
侵权行为及由此产生的争议性质，可以分为教育行政争议及与教育活动密
切相关的民事争议。其中，学校对学生处理或处分一般是依据教育法律、
法规、规章授权以及学校依法制定的章程和内部规章，具有单方性、强制
性的特点，视为学校行使公共教育权力的行政行为，相应的纠纷属于教育
行政争议。教育法没有规定作为相对方的学生对于这类争议可以提起行政
诉讼，行政诉讼法也没有将这类争议纳入行政诉讼的受案范围，但在司法
实践中，也有将其中涉及学生身份处分、不予颁发毕业证书或学位证书等

---

① 申素平：《我国公民受教育权利的法律保护》，中国教育法制评论，2002 年第 1 辑。

严重影响学生受教育权的行为纳入司法审查的先例。当然，对这类教育行政争议的申诉受理范围应当在学校、教育行政主管部门与司法机关之间作适当的划分，理由如下。

其一，我国的公立学校是由各级政府举办，享有国家公共教育权的专门机构，法律赋予了它们独立的事业单位法人资格，类似于国外行政法上的公法人。依照法律和自身的章程享有一定的自治权和办学自主权利，学校基于教育目的而对学生具有一定程度的管理和惩戒权，有利于维护正常的教育秩序和形成良好的育人环境。教育行政机关不得随意进行干预，司法机关也只能有限度地介入。

其二，学生申诉制度必然会产生相应的社会成本，如果大量的教育行政争议都由教育行政主管部门受理，不具有现实性和可行性。因此，学生对于一般的警告、记过等纪律处分只能向学校申诉。而对于开除学籍、不颁发毕业证或学位证等严重影响受教育权利的不利处分或处理，学生可以先行向学校申诉，再向教育主管部门申诉，对申诉结果不服，还可以依法提起行政复议或行政诉讼。学生因学校或教师在教育活动过程中侵犯其人身权、财产权等其他合法权益而引发的争议，在性质上一般属于与学校教育活动密切相关的民事争议（特殊情况下构成刑事附带民事案件）。作为当事人的学生及其家长可以首先向所在学校或教育主管部门提出申诉，对申诉结果不服，还可以向人民法院提起民事或刑事附带民事诉讼。

2. 确立权利救济的程序合法

学生申诉权是宪法和法律赋予受教育者的一项程序性救济权利，以此来保障学生的受教育权及与受教育权相关的其他合法权利。但学生申诉权本身只是一项抽象的程序性权利，与该权利相对应相关联的实体性权利并不能通过抽象空洞、缺乏程序化的申诉权来保障和救济。公民的宪法性权利，如果缺乏程序的保障，这些权利只是法律上的"空头支票"，正如美国联邦最高法院大法官威廉姆·道格拉斯所言："权利法案的大多数规定都是程序性条款，这一事实绝不是无意义的，正当程序决定了法治与恣意的人治之间的基本区别。"① 任何一种利益或实体性权利都必须通过程序

① Justice William , *United States Supreme Court Reports*（*95 law. Ed. Oct. 1950Term*），1951 年版，第 88 页。

来实现或提供保障，实体性权利是一种静态权利，而程序性权利是一种动态权利。只有通过动态权利才能实现和保障静态权利。我国公民的宪法性权利与西方发达国家宪法的规定基本一致，但权利实现的程度和形式却大相径庭，其中主要原因之一就是我国宪法和法律缺乏对公民基本权利实现和保障的程序化、制度化的规定。作为抽象程序性权利的学生申诉权，本身需具体化、程序化、制度化，使之具有可操作性。保障学生申诉权或与学生申诉权密切相关的其他程序性权利应该成为实现学生申诉权不可或缺的具体的程序性权利，这些权利至少应当包括：被告知的权利、要求举行听证的权利、获得申诉机构平等对待的权利、要求作出决定者说明理由的权利等，具体而言，包括以下几个方面：

其一，学生有及时获悉与其利害攸关的事实及决定的权利，包括处理处分决定的告知及救济途径的告知。

其二，给学生提供申诉、陈述意见的机会，申诉处理过程中引入听证程序是公正合理解决教育纠纷的重要保障，听证权主要是指申辩、质证、陈述的权利。

其三，平等对待是申诉机构作出公正处理决定的基础，通过程序上的平等对待来实现正义。申诉机构在程序上保持中立，如申诉方和被申诉方在程序中应有同等的发言机会，任何主张和判断都必须以事实为根据，以法律为准绳，同一条件下不允许出现不同的结果，任何与本案无关的因素均应当排除在程序之外；此外，在程序上禁止处于强者地位的被申诉人利用与法律无关的天然或固有的优势压服弱者——申诉人；最后，当事人双方承担的程序义务比例合理，即与其实体权利或利益成适度的比例，符合正义。还有申诉程序公开透明，使双方当事人信息对称，权力的运行置于阳光下，等等。

其四，丝毫不说明理由比强词夺理更专横，申诉机构应该对其所作出的决定给出相应的理由，不仅是当事人的权利，也是申诉机构在程序上的义务。申诉机构说明理由，一方面使当事人及利害关系人不独知其然，而且知其所以然，心服口服，对决定具有认同感，最终化解纠纷；另一方面，这程序性权利可以制约申诉机构自由裁量权的恣意，压缩恣意的余地，促使权力以理性的方式运行。

明确学生申诉与教育行政复议、教育行政诉讼的关系，建立申诉后的法律救济。教育行政复议是指学校、教师或学生对教育行政部门作出的处分不服，依法向上一级教育行政部门或同级人民政府请求撤销原决定或重新作出决定的制度。教育行政复议旨在保护作为教育行政部门相对方的学校、教师或学生的合法权利，监督和纠正教育行政部门的违法行政行为。学生申诉制度与教育行政复议在性质上都属于非讼性行政救济，但它们之间除法律依据不同外还具有以下区别。

其一，学生申诉制度与教育行政复议制度的救济机制不同。学生申诉过程体现了学生申诉权、学校自主权、教育行政部门的裁决权之间的制约与监督关系。教育行政部门与学校之间的关系是监督行政关系而不是上下级机关之间的隶属行政关系。教育行政部门在作出申诉裁决的过程中必须遵守学校依法享有的办学自主权，只能是依法有限干预和介入学校的决定。同时，作为争议一方的学校对申诉结果不服，可以依法向上一级教育行政部门提起复议或向人民法院提出行政诉讼；而教育行政复议过程中，受理复议申请的上一级教育行政部门对下一级教育行政部门行使的是直接的行政监督权，可以直接改变下一级教育行政部门作出的决定，而下一级教育行政部门必须服从决定，虽可向上级机关提出不同意见，但无权提出行政复议或向法院提出行政诉讼。因此，如果将学生申诉定性为教育行政复议，那么，当作为申诉人的学生不服申诉裁决时，就可以将受理裁决的机关及其裁决诉诸人民法院，使教育行政机关陷入纠纷之中，从而有损其在申诉处理过程中的独立性。同时，当作为被申诉方的学校对教育行政机关的裁决不服时，不得对教育行政部门提出不服之诉，无法维护自己的办学自主权和教育教学权。

其二，学生申诉与教育行政复议在受案范围、申诉人、被申诉人及受理程序等方面不同。学生申诉案件的受案范围既包括教育行政争议，也包括与学校教育活动密切相关的民事争议，而教育行政复议的受案范围只限于教育行政争议；学生申诉的申诉人限于学生，而教育行政复议的申诉人包括作为行政相对人的学校、教师或学生；学生申诉的受理机构不限于教育行政主管部门，还包括学生所在的学校，而教育行政复议的受理机构只有教育行政部门；此外，学生申诉程序较教育行政复议也相对简便易行；等等。

二 探索实施教育仲裁制度

鉴于基础教育的特殊性，有些专家学者提出构建教育仲裁制度，旨在尽快解决纠纷，协调学生与教师之间、学生与学校之间的关系。教育仲裁事实上就是教育争议的双方当事人通过达成协议，自愿将争议提交选定的第三者根据一定程序规则和公正原则作出裁决，并有义务履行裁决的一种法律制度。在性质上，教育仲裁制度与劳动争议仲裁制度相接近。[1] 美国教育法领域中的庭外和解制度类似于教育仲裁制度。庭外和解是指通过替代性解决纠纷方式（ADR）的步骤，双方当事人通过和解、仲裁等方式自我解决纠纷的步骤和活动。美国的民事诉讼从诉诸法庭到审判前，"大约有95%是通过和解等 ADR 的方式加以解决的，真正进入庭审阶段的只有不到5%"[2]。教育诉讼也是如此，由于经过取证，以及召开审前会议，诉讼双方对孰优孰劣、孰胜孰败已基本清楚，一般当事人都会采取和解、仲裁的方式解决纠纷，节约不必要的昂贵的诉讼费及减少"漫漫无期"的诉讼之旅。[3] 教育仲裁的主要特点是程序简便，方式灵活，救济成本低等。

1. 教育仲裁委员会的性质与地位

教育仲裁委员会属于独立的中立机构，教育仲裁主要涉及中小学生权利保护、学校自主管理及政府对学校的管理等方面，这就需要教育仲裁委员会有其专业的人员、专业技能及独立地位。结合我国教育行政体制，应该设立与现行行政体制相配套的教育仲裁委员会，并且不同级别的仲裁委员会之间不存在隶属关系，从而保障仲裁委员会的独立性。

2. 教育仲裁委员会的人员组成

教育仲裁委员会应该由教育行政部门的负责人担任主任，从而保障仲裁的权威性；副主任主要由学生权利保护、学校管理及法律专家担任，从而保障仲裁的专业性；委员主要由学校、教师和学生的代表担任，各个代表之间保持一定比例，从而保障仲裁的公正性与民主性。总结起来，教育仲裁委员会由主任一人、副主任二至四人及若干委员组成。

3. 教育仲裁委员会的仲裁范围

由于教育仲裁涉及的人员较多，并不是所有的教育纠纷都属于仲裁范围，所以仲裁范围决定了教育仲裁对教育法律纠纷解决的广度。教育仲裁

---

① 陈久奎：《我国教育仲裁制度的构建研究》，《教育研究》2006 年第 5 期。

② 汤维建：《美国民事司法制度与民事诉讼程序》，中国法制出版社 2001 年版。

③ 姚云：《美国高等教育法治研究》，山西教育出版社 2004 年版。

范围主要围绕教育法律关系展开，学生与教师、学校在教育管理与日常教学过程中产生的法律纠纷，学生依法向教育仲裁委员会提出仲裁申请，仲裁委员会以其专业性、公正性作出具有法律约束力的裁决，从而解决教育纠纷。

第五章

中小学教师权利法律保障研究

教师是履行教育教学职责的专业人员，承担教书育人、培养社会建设者、提高民族素质的使命。① 人类文明的发展和进步与教师的辛勤劳动分不开，这一点已成为全社会的共识。教师职业是神圣而崇高的，千百年来人们赞美教师、歌颂教师。我国古代就有尊师重教的传统，《礼记·学记》中说道："凡学之道，严师为难。师严然后道循，道尊然后民知敬学。"而在现代社会，教师常常被喻为"人类灵魂的工程师"，教师职业被喻为"天底下最光辉的职业"。《国家中长期教育发展与规划纲要（2010—2020 年）》也指明："教育大计，教师为本。有好的教师，才有好的教育。提高教师地位，维护教师权益，改善教师待遇，使教师成为受人尊重的职业。"可见，教师对发展我国教育事业的重要作用，保护教师合法权利对于吸引优秀人才进入教师队伍、提升教师素质、完善教师结构的重要意义。然而，在现实生活中，侵害中小学教师合法权利的案件还大量存在，极大地影响了广大教师积极性的充分发挥，也与我国"尊师重教"的传统观念不符。因此，本书呼吁政府与社会各个主体应该对教师权益给予更多的关注，教师权利急需法律予以规制和保障，本书的目的就在于：结合我国教育实际，探求保护教师权利的法律保障体系。

第一节　中小学教师权利的内涵及其主要内容

一　教师权利的内涵

"权利"（Right）是法学理论和实践的关键概念之一。关于权利的本

---

① 全国十二所重点师范大学联合编写：《教育学基础》，教育科学出版社 2002 年版，第 111 页。

质，目前法学研究者们的解读更有不同、很不统一，但通常来说，权利指的是"在一定的法律关系中，法律关系的一方对另一方所享有的可以要求作出一定的作为或不作为，并为法律规范所认可的一种资格"①。

从对权利的定义中，我们可以总结出法学中权利的几个特点。第一，权利必须得到法律的认可，才能获得保护，此为权利的"法律性"。当权利得到法律规范的认可之后，如果人们的权利受到侵犯，国家就有义务对侵权行为进行制裁、对受害者进行补偿或赔偿，从而保护公民合法权利。第二，利益（Interest）是权利的首要要素。权利和利益是紧密相连的，"一项权利之所以成立，是为了保护某种利益，是由于利在其中。在此意义上，也可以说，权利是受到保护的利益，是为道德和法律所确证的利益。"德国著名法学家鲁道夫·冯·耶林就曾在其名著《为权利而斗争》中将权利的实体理解为利益。第三，权利的真正实现需要权威（Power）和能力（Capacity），一种利益、一种主张必须具有力量才能成为权利，而权利的主体必须拥有现实的能力，如拥有经济资源、政治资源和文化资源等，才有可能实现权利的内容。第四，权利意味着一种法律资格。"在终极意义上，权利可视为一种通过法律规范所确认的、法律关系主体的一方要求他方作出作为或不作为的可能性。这种可能性无非就是一种法律上的资格。"② 第五，权利与法学中另一核心概念"义务"是相对的，无权利也就无义务，同时，在一定程度上讲，义务也是权利行使的界限。

中小学教师权利（下文简称"教师权利"）是"权利"的下位概念，同样适用上述对权利内涵及其特点的分析。结合教师职业与教育教学活动的特殊性，本书认为，教师权利，或者说是教师权益，即法律所保护的利益，其内涵是：作为特殊职业的教师，在其学校教育教学活动中，依照《宪法》《教育法》《教师法》等相关法律法规规定所享有的权利，"是国家对教师能够作出或不作出一定行为，以及要求他人相应作出或不作出一定行为的许可与保障"。

明确了教师权利的内涵之后，我们还必须进一步明确教师权利属于何种权利类型，如此才能进一步理解其特点。在法学理论中，根据不同的标

---

① 张千帆主编：《宪法学》，法律出版社 2008 年版，第 150 页。

② 同上书，第 151 页。

准，可以将权利分成不同的类型。根据国家或政府作用的不同，可以将权利分为消极权利（Negative Right）和积极权利（Positive Right），这是目前宪法学界对权利的经典分类。前者是指权利主体要求国家权力机关作出相应不作为的权利，即权利的实现需要防范国家的任意干涉，如自由权等；后者是指权利主体要求国家权力机关作出相应作为的权利，即权利的实现需要政府积极作为、提供资源等条件，如受教育权等。根据权利之间的关系，可以将权利分为第一性权利（原生权利）和第二性权利（补救权利）①。前者是指"直接由法律赋予的权利或由法律授权的主体依法通过其积极活动而创立的权利"；后者是指"在原有权利受到侵害时产生的权利"，也就是公民认为自己基本权利受到侵犯时，有请求国家机关给予公正、及时的救济的权利。此外，随着时代的发展、福利社会的到来，社会权与自由权的分野也日益明显，其中社会权是指"公民要求国家根据社会发展状况，积极采取措施干预经济、社会生活，以促进个人的自由和幸福，保障个人在经济、政治、文化领域过上健康而有尊严的生活的权利"②。可见，社会权是积极权利的主要范畴。当然，根据其他标准，还可以将权利分为实体权利与程序权利、个体权利与集体权利、基本权利与普通权利、对世权利与特殊权利，等等。

那么，我们应该将教师权利归入何种权利类型呢，是消极权利还是积极权利？是原生权利还是补救权利？是自由权还是社会权？还是其他类型？本书认为，教师权利是一个内容广泛的综合概念，其独特性仅在于其权利主体是中小学教师，教师权利的具体内容是十分丰富的，其中既有实体权利，也有程序权利；既有消极权利，也有积极权利……因此，要对教师权利的具体内容进行细致的分析和解读，才有可能对其进行归类。在这一点，法哲学理论和宪法学理论对于权利分类的研究，为我们进一步理解和分析教师权利提供了一个极佳的分析框架和视角。

二　我国中小学教师权利的主要内容

在法律上，中小学教师具有双重身份，一是普通公民，二是从事教育教学活动的教育工作者。这种双重的法律身份决定了教师所享有的权利也

---

① 舒国滢主编：《法理学导论》，北京大学出版社 2006 年版，第 53 页。

② 同上书，第 217—218 页。

呈现多层次的特点。教师权利主要由两部分组成：一是教师作为普通公民而享有的基本权利；二是基于教育工作者这一特殊身份，教师享有的专业方面独有的权利，是其他人所不具备的权利，这一权利是教师在教育教学过程中体现出来的权利。前者是一种对世权，即所有人均享有的权利，而后者则是一种相对权或特殊权利，只有特殊身份的人（如教师）才具有的权利。

1. 基于公民身份，教师享有的基本权利

我国《宪法》及其他相关法律明确规定了普通公民在法律上应享有的基本权利，"教师首先是一个国家的公民，因而《宪法》规定的公民权利也是教师的权利"[1]。根据我国2004年修正的《宪法》规定，我国中小学教师享有如下公民的基本权利。[2]

（1）平等权，"中华人民共和国公民在法律面前一律平等"，"妇女在政治的、经济的、文化的、社会的和家庭的生活等各方面享有同男子平等的权利。"

（2）政治权利，包括选举权与被选举权、言论、出版、集会、结社、游行、示威的自由。

（3）自由权，具体包括人身自由权、宗教自由权、通信自由、文化活动自由、婚姻自由等。如第37条规定："中华人民共和国公民的人身自由不受侵犯，任何公民非经人民检察院批准或者决定或者人民法院决定，并由公安机关执行，不受逮捕。禁止非法拘禁和以其他方法非法剥夺或者限制公民的人身自由，禁止非法搜查公民的身体。"

（4）社会经济、文化教育、获得救济等社会权利，具体又包括劳动权利（"国家通过各种途径，创造劳动就业条件，加强劳动保护，改善劳动条件，并在发展生产的基础上，提高劳动报酬和福利待遇"）；受教育权利（"国家培养青年、少年、儿童在品德、智力、体质等方面全面发展"）；文化权利（"国家对于从事教育、科学、技术、文学、艺术和其他文化事业的公民的有益于人民的创造性工作，给以鼓励和帮助"）；等等。

（5）监督权，具体包括批评、建议、申诉、控告和检举等权利。

此外，作为普通公民的一分子，教师在日常生活中还会参与到其他法

---

[1]　余雅风主编：《新编教育法》，华东师范大学出版社2008年版，第138页。

[2]　参见《宪法》第二章公民的基本权利与义务，第33条至56条。

律关系中，如民事法律关系（买卖、租赁、抵押等）、行政法律关系等，因此也还享有其他法律保障的其他基本权利，如《中华人民共和国劳动合同法》（以下简称《劳动合同法》）保障的有关劳动合同方面的权利、民事行政和刑事诉讼法所保障的诉讼方面的权利等。

2. 作为教育工作者，教师享有的专业权利

联合国教科文组织（United Nations Educational, Scientific and Cultural Organization）于 1966 年 10 月在法国巴黎召开了一次关于教师地位的各国政府间特别会议，会议通过了一项题为《关于教师地位的建议》，这个文件大大推动了教师的专业化程度，也提高了教师作为专业人员的地位，在这个文件中，教师作为专业人员应该享有如下职业上的权利（第八章第六十一到八十四条）①：

- 教师在履行职责上享有学术自由。尤其是教师有资格对最适合于学生的教具及教法作出判断，所以在选择和使用教材、选择教科书以及运用教育方法方面，在得到许可的计划范围内，并在教育当局支持下，由教师起主要作用。
- 教师及教师组织应参加新的课程、教科书及教具的开发工作。
- 任何领导监督体制都应鼓舞、支持教师履行职责，不得损害教师的自由、创造性和责任。
- 教师有权利对自认为不恰当的工作评定提出申诉。
- 教师可以自由采用据认为有助于评价学生进步的成绩评定技术，但应确保不在各个学生中产生不公平。
- 当局应充分尊重教师关于各个学生对于诸类课程及高一级教育的能力倾向的意见。
- 对家长的抱怨进行审查的时候，教师应获得自我辩护的公平的机会，审查经过不得公开。
- 为了教师自身的提高以及教育活动和全社会的利益，教师参加社会生活及公共生活应受到鼓励。
- 教师可自由行使市民所普遍享有的、市民的一切权利，并有担任公职的资格。

---

① 万勇：《关于教师地位的建议》，《全球教育展望》1984 年第 4 期。

● 教师的工资及工作条件，应通过教师组织同教师的雇主之间的交涉来决定。

● 应设立适当的联合机构，以处理教师和雇主在工作条件上发生的纠纷。当为此目的而采取的措施及陈谷都已被穷尽，或当事人之间的交涉破裂的时候，教师组织为了维护正当的利益，应有权利采取允许其他一般组织行使的其他手段。

上述《关于教师地位的建议》关于教师专业权利的规定是相当丰富的，其中既有教师作为普通公民的权利，也有教师作为专业人员的权利，而且以后者为主；既有实体方面的权利，也涉及权利救济渠道的内容；等等。《关于教师地位的建议》对于充实和扩展我国中小学教师专业权利内容具有重要的启示意义，尽管如此，正如上面提到的权利的"法律性"，只有获得国家法律认可的、体现在一国法律法规条文中的教师权利，才能获得国家法律和强制力的保障。因此，应该从 1993 年颁布的《教师法》等相关法律法规，总结出我国中小学教师专业权利具体包括的内容。

（1）教育教学活动自主权

我国《教师法》规定，教师享有进行教育教学活动，开展教育教学改革和实验的权利。这一款项实际上就赋予了教师教育教学活动自主权。教育教学活动是教师的本职活动，也是教师区别于其他职业的典型特征。我国实施教师资格证制度，只有拥有教师资格证的公民，才有资格成为教师，可见，教师是专业人员。虽然从教育权的角度来讲，教师从事教育教学活动的实质是国家教育权的代表，是国家教育政策在教学第一线的实践者，但是教育教学活动是一种专业活动，其具体实施的前提就在于保障教师专业自主权。

教师教育教学活动自主权的内涵非常丰富，几乎涵盖了学校教育的各个层面和领域。中国台湾地区的教育法学者董保城认为，教师的专业自主权应表现于"课程内容"与"教育行为"上，前者，教师是以因材施教为原则，享有教学方法与技巧上的自由，课程内容与教材选择自由，以及选择参考性读物等自主权；而后者，教师为培养学生人格而享有辅导学生之行为、认知、情意、人格与情感之专业权，以及以教育目的与比例原则管教学生之措施权。① 教师的教育教学活动自主权对于教师专业地位的保障是十分重要的，任何组织和个人不得干涉和剥夺。

（2）科学研究权

中小学教师享有从事教育科学研究的权利。我国《教师法》规定，教师享有从事科学研究、学术交流，参加专业的学术团体，在学术活动中充分发表意见的权利。虽然从传统上来讲，科学研究权主要是对于大学教师而言的（威廉·冯·洪堡在 1809 年创立柏林洪堡大学时确立的学术自由原则："与世隔绝和自由应试这种新型大学的原则，致力于研究真理的机构，必须免受一切外来干预"），中小学教师从事科学研究的情况相对较少，也不受重视，但是，随着教育改革的不断深入，中小学教师的角色定位发生了变化，"教师即研究者"概念逐渐盛行，"教师不仅是被研究者，而且自己也是研究者；教师不再被视为外在的研究对象，而是自己进行研究，寻求答案，敏锐地观察、探索自己的教学，参与教育教学革新行动"②。我国著名教育家蔡元培也曾指出："中小学教师也需要享有适当的学术自由，否则就很难完全发挥。"因此，有必要赋予并从法律上保障中小学教师的科学研究权，让他们在完成教育教学任务的前提下，从教学实践出发，对本专业进行科学研究、技术开发、发表观点、著书立说等，并参与有关学术交流活动，参加专业学术团体，这有助于提升教师的素质和能力，让他们对学校教育中的问题有更深入的理解，最终解决教育教学活动中面临的问题，提升教育质量。

（3）指导评价权

《教师法》规定，教师有权"指导学生的学习和发展，评定学生的品行和学业成绩"，也就是指导评价权。师者，传道授业解惑也。发现学生在学习生活中存在的问题，并帮助其改正，对学生的学业成绩和品行进行评价，得出判断并促使其提高和改善，这些既是中小学教师的职责，也是教师所应享有的合法权利。教育活动的特性与中小学生年龄较低的特点，要求中小学教师在教育教学活动中应该保持主导地位，因此就必须赋予教师指导评价权利。此外，指导评价权是学校教育教学活动中专业性较强的

①　申素平：《教育法学：原理、规范与应用》，教育科学出版社 2009 年版，第 201 页。

②　全国十二所重点师范大学联合编写：《教育学基础》，教育科学出版社 2002 年版，第 295 页。

一项工作，应保障教师的该项权利，让教师能够运用其专业知识和技能，促进学生个性和能力的发展。指导评价权的基本含义包括：① 教师有权根据学生的具体情况，因材施教，指导学生的学习和发展；教师有权严格要求学生，并对学生的品行依照客观公正的标准作出恰如其分的评价；教师有权运用正确的指导思想和科学的方法促使学生的个性和能力得到充分的发展。此外，有一点值得引起我们的重视，教师的指导评价对学生的权益会产生重大影响，比如影响其获得奖学金、升学等相关权益，因此教师在行使指导评价权时，必须做到不偏不倚、公开公正。

（4）工资福利等物质保障权

虽然我国历史上一直有"尊师重教"的传统，国家也大力提倡尊重教师、保护教师，但是，社会大众对教师形象的理解似乎走向偏差：往往过分夸大教师的奉献精神，所谓"春蚕到死丝方尽，蜡炬成灰泪始干"，而忽视了教师也是一个普通的职业、普通的营生手段。我们必须纠正这种不正确的观念，将教师也是现代社会分工中的一类职业，而不是志愿性的服务岗位。因此，保障教师的工资福利待遇也就顺理成章了，无论何种职业，只要是诚实劳动、付出辛劳，就应该获得报酬。对此，《中华人民共和国劳动法》与《劳动合同法》等保护普通劳动者的相关法律也明确规定了其有工资福利等物质保障权。那为什么《教师法》还要专设一章"第六章 待遇"对此再次进行规定呢？这一方面体现了国家对教师职业的特殊关爱和重视，另一方面也是针对我国现阶段出现的一些拖欠教师工资的不良现象。教师的工资待遇对于吸引优秀的青年加入教师队伍、稳定优秀教师、提高教师工作热情和积极性等方面至关重要。因此，必须从法律上规定教师具体的工资福利保障权，才能确保教师合法权益不受侵害、维持教师个人及家庭生活等。此外，对于教师待遇水平，《教师法》也做了规定："教师的平均工资水平应当不低于或者高于国家公务员的平均工资水平，并逐步提高。"因此，我国教师工资待遇有了参照的标准："当地公务员"。但是，现实生活中，教师工资水平离这一法定目标的实现还有一段距离，需要国家和政府进一步研究解决。

（5）民主参与管理权

《教师法》明确规定，教师有权"对学校教育教学、管理工作和教育

---

① 黄崴主编：《教育法学》，高等教育出版社 2000 年版，第 188 页。

行政部门的工作提出意见和建议，通过教职工代表大会和其他形式，参与学校的民主管理"。这一规定实际上也是对《宪法》规定的普通公民享有的监督权的具体化。教师是学校的主体，是学校的主人翁，同时也是奋战在教育教学一线的专业人员，应当享有民主参与学校内部管理的权利，这也有利于调动教师工作的热情和积极性，有利于对学校和教育行政部门的监督，更有利于推进学校民主管理的进程。我国教育法规定了学校内部的领导管理体制：党委领导下的校长负责制，其中的弊端就在于容易陷入校长一人独掌学校管理权力的局面。因此，必须发挥教师的积极性，使其参与学校内部管理，行使批评建议和监督权，防止校长权力泛滥。目前，教师参与学校的民主管理可以通过两种方式：① 一是可以直接地对学校的教育教学、管理工作和教育行政部门的工作提出意见和建议；二是通过教职工代表大会等形式，参与学校的改革发展、教师队伍建设、住房分配、教职工的奖惩等重大政策的制定和实施。

（6）继续教育与进修培训权

"在社会不断发展进步的今天，新知识、新技术不断涌现，一个合格的教师的标准也在不断提高。因此，教师必须不断学习，把学习贯穿其终身，才能不断地更新知识，调整知识结构，提高自身的专业素质和教育教学技能，从而不断提高教育教学质量。"② 因此，教师的继续教育和进修培训对于教师素质的提高至关重要。《教师法》也单列一章"第四章　培养与培训"对其进行规范，其中规定："各级人民政府教育行政部门、学校主管部门和学校应当制订教师培训规划，对教师进行多种形式的思想政治、业务培训。"一般而言，培养教师由两个阶段组成，一是职前教育，也就是我国目前的师范教育；二是职后教育，也就是教师的进修培训，而且从当今世界的发展趋势来看，职后教育对于教师的培养越来越重要。因为教育教学是一种实践性的学科，只有理论结合实践才有可能真正提升教师的素质和技能。教师的继续教育与进修培训权是一种"社会权"或"积极权利"，它的实现有赖于政府和学校的积极作为，教育行政部门和学校应当采取多种形式、开辟多种渠道，保障教师进修培训权的顺利实现；教育行政部门和学校也必须作出规划，为教师参加进修和培训创造机

---

① 陈鹏、祁占勇：《教育法学的理论与实践》，中国社会科学出版社 2006 年版，第 307 页。

② 黄崴主编：《教育法学》，高等教育出版社 2000 年版，第 189 页。

会，切实保障教师权利的实现。

第二节　构建中小学教师权利的法律保障体系的意义

一　教师社会经济政治地位的提高依赖于其权利的法律保护

提高中小学教师的社会经济地位（Social Economic Status）与政治地位已经成为我国政府与社会的强烈共识。但是，在相当长的一段时期内，教师的社会经济地位普遍不高，"教师职业被贬称为一种没有发展前途的职业等级，这一职业工资低且不稳定，使其得以维持的仅仅是不讲效率的官僚主义或培养人才必要性等空洞的政治口号"①。本书认为，教师社会经济地位之所以没有政策和理论宣讲中的那么高，主要原因就在于教师的合法权利往往被社会相关主体漠视，甚至还遭到干扰、侵害和迫害。教师的社会经济与政治地位直接与其权利相关联。典型的如教师的政治地位如何提高，很大部分是要看教师的"民主参与管理权利"是否能够真正实现、得到法律的保护。因此，要提高教师的社会经济政治地位就必须通过加强立法和执法，保护教师各项合法权利，才能实现。

此外，虽然国际上和我国《教师法》均明确规定了教师的专业人员地位，但受我国传统错误观念"教师只是孩子王"的影响，教师的专业人员地位常常受到人们的质疑，学校、政府、家长等往往基于自己的想象，肆意干预教师的教育教学活动，教师专业化过程仍然步履维艰。实际上，通过法律来保障教师的合法权利，特别是教师的专业自主权，能间接地促进教师的专业化，使其成为真正的专业人士。

二　构建教师权利的法律保障体系是依法治教的内在要求

依法治教是我国基本国策依法治国理念在教育领域的集中体现，其含义是：全部的教育活动都应当符合教育法律的有关规定，所有的教育法律关系主体在从事各类教育活动时都应当遵守或不违背教育法律的规定和精神。保护公民权利是法律的首要职责，而其也是权利保护最重要、最基本

---

① 杨汉平：《教师与学校权益法律保护》，西苑出版社2001年版，第39页。

的渠道和方式。在教师权利保护方面，我国有《宪法》《劳动合同法》《教育法》《义务教育法》《教师法》等一系列法律法规予以规范，初步形成了适合我国国情的教师权利保护的法律法规体系。但是，由于立法技术水平、理论研究水平有限等原因，现阶段教师权利的法律保障仍然面临诸多问题，教师权利仍然没有得到法律的充分保障，实践中侵犯教师权利的情况还时有发生，对此必须引起我们的重视。诚然，我们目前已初步构建了教师权利的法律保障体系，但"依法治教、依法管理教师队伍还有许多工作要做，立法进程还应加快，司法制度还应进一步健全，执法责任要进一步明确"①。

三　保障教师合法权利攸关我国教育事业的长远发展

胡锦涛同志曾强调，必须坚定不移地实施科教兴国战略和人才强国战略，切实把教育摆在优先发展的战略地位，推动中国教育事业全面协调可持续发展，努力把中国建设成为人力资源强国，为全面建设小康社会、实现中华民族的伟大复兴提供强有力的人才和人力资源保证。温家宝同志也曾指出："百年大计，教育为本，教育大计，教师为本。有好的老师，才能有好的教育。"可见，一支道德水平高尚、教学技能高超的教师队伍对于我国教育事业长远发展的重要性。如果不从法律上保障教师的合法权利，不提高教师的社会经济与政治地位，不赋予教师教育教学专业自主权，不为教师提供职业发展的机会，谈何建立优秀的教师队伍？没有优秀的教师队伍，我国教育事业的发展就成为无源之水、无本之木。尊重教师、提高教师社会经济地位，通过各种方式保护教师的合法权利对于我国实现科教兴国、实现民族复兴具有深远的意义。

第三节　侵害中小学教师合法权利的现状

改革开放以来，党和国家将教育事业放在优先发展的地位，随着公民权利意识的提高，教师合法权利的保护取得了极大的成就。国家先后颁布了多项涉及教师权利保护的法律法规，如《教育法》《教师法》《义务教

---

① 杨汉平：《教师与学校权益法律保护》，西苑出版社 2001 年版，第 38 页。

育法》《教师资格条例》等，以及一系列配套的行政规范性文件，初步形成了我国中小学教师合法权利的法律保障体系，使教师权利获得了法律上的认可和保障，为教师权利保护工作奠定了坚实的基础。目前，保障中小学教师合法权利法律依据具有三个特征：全面性、系统性、多样性。全面性是指教师权利的内容既有作为普通公民的权利，也包括教师作为专业人员的权利；系统性是指立法机关、司法机关与行政机关对于教师权利的保护工作均负有责任；多样性是指法律上教师权利的保护具有多重渠道和途径。[①] 然而，实践中，由于我国教育立法起步晚、起点低，教育立法技术水平不高，教育法律法规的内容还不够具体、细化，而且我国相关主体如校长、学生与教师本身的法治意识淡薄，加上我国教育特殊的国情和诸多原因，所以教师合法权利的保护仍不尽如人意，现实生活中教师合法权益被侵犯的案例屡见不鲜。本书深入研究实践中侵害中小学教师合法权利的几种主要类型，并结合具体的案例分析，进行深入阐释并总结相关特点。

一 侵犯教师人身自由权

教师人身自由权是教师作为普通公民的最基本的权利。人身自由权有广义与狭义之分，本书取其广义的意思，即"人身自由指的是人身人格权，具体包括生命健康权、身体活动的自由以及由狭义的人身自由所衍生的人格尊严、住宅、通信自由和通信秘密等不受侵犯的权利"[②]。在现实生活中，教师的人身自由权主要指的是教师的生命权、身体健康权、人格尊严权、人身自由权（狭义）等。

人身自由权涵盖的具体内容很广泛，是普通公民最基本的权利，现实生活中教师的人身自由权时常受到各种主体和组织的侵犯，如"高某诉重庆南岸区某小学著作权纠纷案"等。当然，基于教师活动的特殊性，在现实生活中，教师的人身自由权中的"生命健康权"与"人格尊严权"是受侵害的重点对象，值得我们重点关注。

对中小学教师生命健康权的侵害主要来自学生家长、校外人员及学校管理层和同事。每年学生家长及校外人员侵害中小学教师的人身权和生命

---

① 朱鲜良：《我国中小学教师权利保障问题研究》，硕士学位论文，江西师范大学，2010 年。

② 张千帆主编：《宪法学》，法律出版社 2008 年版，第 183 页。

健康权的案例不下百起：2009 年 12 月，黑龙江肇东一中发生一起学生家长和校外人员当场打死老师的事件；2010 年 5 月 20 日，陕西蒲城县尧山中学一名教师被学生当众殴打；6 月 3 日，湖北恩施市小渡船中学一名教师在校门外被学生家长打伤；6 月 11 日，北京昌平区回龙观向上学校校长被学生家人打伤……教师安全呼唤有力的保护。①

同时，教师的其他人身自由权也时常受到学校行政领导、其他人员的侵害，其中女教师的人身安全受侵害的可能性更高，典型的如"女教师何某诉盛某性骚扰案"：何某是武汉市某商业学校教研室老师，因不堪原教研室副主任盛某的性骚扰行为，于 2002 年 7 月向法院提起诉讼。原告诉称，2001 年，学校组织教师外出春游，被告当晚 11 时左右尾随至原告房间，对原告隐私部位抚摸，强行亲吻。原告认为，被告对原告进行言语挑逗、行为骚扰，进而发展为性侵害，被告行为侵犯了她的身体权、人格尊严权和名誉权。武汉市江汉区人民法院一审认定被告侵扰原告事实成立，被告侵犯了原告的人格权利，判决被告向原告赔礼道歉，并赔偿精神损失费 2000 元。② 本案的关键点在于对"性骚扰"的界定，以及性骚扰侵犯了女教师的何种权利的认定。显然，性骚扰侵犯了作为教师何某的人身自由权，通过法院的判决，何某的合法权利也获得一定程度的救济。

从以上分析来看，我们不难总结出，尽管党和政府一直强调提高教师的社会经济地位、鼓励优秀人才从事教育工作，然而现实生活中，与学校管理层、政府与家长等人员相比，教师仍然处于弱势群体的地位。如果连最基本的生命健康权和人格尊严权都无法得到保障，那又谈何尊师重教呢？

二　侵犯教师工资待遇等物质保障权

在社会主义市场经济条件下，个体工资待遇的好坏往往决定着社会公众对该职业的评价，从而影响其社会经济地位，因此，教师工资待遇的高低，关系到教师职业对优秀青年的吸引力，关系到教师队伍整体素质的高低。在中小学教师物质保障权中，又以教师工资最为重要和关键。"教师

---

① 程愈等：《教师安全需要保护伞》，《中小学管理》2010 年第 7 期。

② 李晓兵：《热点教育纠纷案例评析之教师篇》，中国法制出版社 2007 年版，第 292—294 页。

工资是国家以货币形式支付给教师的劳动报酬，暗示足额获取工资是教师的起码利益。"① 我国《教师法》第 38 条专门对拖欠教师工资等侵害教师权益的违法行为的处罚做了详细规定："地方人民政府对违反本法规定，拖欠教师工资或者侵犯教师其他合法权益的，应当责令其限期改正。违反国家财政制度、财务制度，挪用国家财政用于教育的经费，严重妨碍教育教学工作，拖欠教师工资，损害教师合法权益的，由上级机关责令限期归还被挪用的经费，并对直接责任人员给予行政处分；情节严重，构成犯罪的，依法追究刑事责任。"然而，拖欠和扣减教师工资是当前我国教师权益受损的主要问题之一，而且历时多年，难以解决。据 1988 年至 1999 年全国基础教育专项督导检查情况报告，全国除大中城市和部分沿海经济发达省份外，均不同程度地存在拖欠教师工资问题，且拖欠面越来越大，拖欠时间也越来越长。② 这种情况在进入 21 世纪后，依然没有得到解决或缓解。根据教育部的统计，截至 2002 年 7 月份，全国累计拖欠教师工资总量距国家规定标准还有 127 亿元，涉及 24 个省份；而在 2005 年，除北京市、上海市、天津市、浙江省、西藏自治区 5 个地区外，其余省、市、自治区直辖市累计拖欠教师工资达 136 亿元。③

随着中小学教师法治意识的提高，他们也会运用法律武器，维护自己的工资待遇等物质保障权，通过向法院提起诉讼，向学校或教育行政部门追讨应得的工资。典型案例如，"退休教师王某诉桐柏县某镇中心校"：退休教师王某发现自己的工资拖欠后，将所在学校和教育主管部门中心校告上法庭。王某是桐柏县人事劳动部门分配到桐柏县某镇初级中学的工人，2001 年退休。其工资标准由桐柏县人事劳动部门按照河南省事业单位工作人员的工资制度晋升确定，由地方财政拨付支付。由于地方财政紧张，教育系统工资存在部分拖欠情况，亦导致原告工资没有足额发放。为此，王某诉称，自 1993 年以来，各个单位开始涨工资，被告均没有给原告增资，将原告应得的增长工资扣除，累计至原告退休共欠发克扣原告工资款32343.9 元。现原告发现被告克扣工资一事，要求被告补发，被告拒付，原告诉至法院。河南省桐柏县人民法院以教师工资拖欠属人事争议为由，裁

---

①　杨汉平：《教师与学校权益法律保护》，西苑出版社 2001 年版，第 79 页。

②　同上，第 53 页。

③　宋细咏：《教师权利及其法律保护》，硕士学位论文，华中师范大学，2007 年。

定驳回王某的起诉。① 在这个案例中，虽然人民法院裁定驳回了退休教师王某的起诉（这里的关键是教师与学校、政府的法律关系模糊的问题，以及学校是否"行政主体"的问题，这里不详细论述，留待下文阐释），但是，也间接表明我国中小学教师工资时常被拖欠、克扣的严重情况，教师的工资待遇等物质保障权急需通过教育立法和相关政策予以保护。

三　教师聘任制相关的合法权利受侵害

在 1993 年 6 月国家颁布的《教师法》和 1995 年颁布的《教育法》中，均明确规定了中小教师实行聘任制。《教师法》第 17 条规定："学校和其他教育机构应当逐步实行教师聘任制。教师的聘任应当遵循双方地位平等的原则，由学校和教师签订聘任合同，明确规定双方的权利、义务和责任。"教师聘任制成为我国教师管理的基本制度之一。中小学教师聘任制的逐步推行，教师的就业从政府的统一统配转由学校依法自主聘用、自主管理，以聘任形式的劳动合同制代替过去的任命终身制。中小学教师与学校或教育行政部门关系变成了普通的劳动合同关系。但是，现实生活中，由于我国无教师聘任制的专门立法，现行法律法规不健全，致使我国中小学校的教师聘任实际上处于一种无序状态，各个地区、各个学校均按照自己的设想，各行其是，没有一定的程序规范加以限制；加上教师相对于校长与政府的弱势地位，教师聘任制在实施过程中，侵犯教师权利的现象时有发生，理应引起我们的关注和警惕。

教师聘任的合法、合理的实施涉及教师的诸多权利，诸如公平公正受聘权、教师聘任合同的权利义务对等、休息休假权、解聘或不续聘需严格按照规定进行等。其中，公平公正的招聘过程与理由和程序正当的解聘最为重要，在这两个阶段也经常出现侵害教师合法权利的情况。我国教师招聘过程中，性别歧视、身高歧视、年龄歧视等不时出现，严重侵害了"准教师"的平等权，典型案例如"伊犁多名报考者身高差 1 厘米不能当教师"："在伊犁州直 2008 年乡镇中小学教师招聘中，38 岁的张培菊笔试面试成绩均得第一，但最终却因身高差了 1 厘米而名落孙山。像张老师这样，因身高不合格，新疆伊犁哈萨克自治州 11 名考试成绩优异的应聘者，与教师岗位失之交臂。在招聘教师的地方规定中，'以身高论英雄'的并

---

① http://henan.people.com.cn/news/2010/11/15/511691.html.

非伊犁一地。据了解，除山西、四川等省教育系统，已取消对教师入职的身高和体重限制，很多地方仍保持着类似的限制规定。"① 对于这种因为身高等生理条件而无法进入教师队伍的乱象，全国各地屡见不鲜；从教师劳动权利的角度来看，地方招聘教师条件的设定显然是不合理的，也是违法的，侵犯了教师"受聘权"；更深入地讲，从宪法和人权的角度，诸如此类在教师招聘过程中存在的性别、身高、年龄歧视等问题，侵犯了教师的"平等权"——每个人享有进入教师队伍的机会均等的权利。

此外，教师的解聘方面也存在大量侵犯教师合法权利的实例。现阶段，在教师聘任制条件下，我国中小学在一定程度上享有解聘教师的权力，但是在解聘教师的过程中，学校却没有法定程序能够参照，随意性较大。"对于学校在行使解聘权的过程中应当履行的程序性义务等往往没有通过学校规章制度予以设定并力求切实遵行，导致实践中因校方解聘权的违法或不当行使而侵犯教师合法权益的现象时有发生。"② 例如，"天津华泽高中教师不建议新生住宿被解聘"案例。

2011 年 4 月，天津华泽中学高一和高二两个年级的学生发生了打群架事件，高一班主任王老师出于对学生安全的考虑，建议新来的插班生暂时不要住宿，不料此举引来校长不满，并将王老师解聘。由于自己不满学校的单方面解聘行为，并对"违反学校规章制度"的理由不认可，王老师遂向南开区劳动局申请仲裁。王老师提出，自己被解聘后，学校只同意支付 1 个月的工资，但是按照规定，单方面解除合同应当支付赔偿金，金额为每年支付 1 个月工资，自己工作了 10 年，应该领取 10 个月工资等额的赔偿金。最终，南开区劳动局的仲裁结果不支持王老师对于索要赔偿金和加班费的请求。王老师对南开区劳动仲裁的裁定结果表示不服，并决定向天津南开法院提起诉讼。③

上述案例比较复杂。第一，在教师解聘过程中，校长的权力没有受到很好的监督和约束，有时校长甚至滥用权力，使教师聘任制成为校长"制裁"教师的好借口，教师的劳动权利没有受到应有的保障；第二，劳动争议仲裁的决定明显不利于教师一方，中小学教师在权利受到侵犯之

---

① http：//hlj. rednet. cn/c/2009/01/06/1680615. htm.

② 尹晓敏：《教师聘任制施行的程序规范论》，《现代教育论丛》2006 年第 6 期。

③ http：//news. 022china. com/2011/11 - 09/543200_ 0. html.

后，其救济途径往往无法发挥作用；第三，校长或学校不仅仅侵犯了教师的劳动权利，也侵犯了其"教学专业自主权"——王老师是出于对学生安全的考虑，建议新来的插班生暂时不要住宿，这种行为是单纯的教育教学行为，学校应予以尊重，理应受到法律的保护，校方如有不同意见，应该及时沟通，而不能作为解聘教师的借口。

四　侵犯教师的教育教学专业自主权

教育教学专业自主权是指"教师作为主体，在遵循社会、教育规范及教育规律的前提下，自由地选择教育行为，并不断地追求自我超越的教育自主的权利"①。中小学教师的教育教学专业自主权的内涵十分丰富，可以从个体、集体、教室、学校和教师团体等层面进行解构。而我国《教师法》已明确规定了中小学教师的专业人员地位，这是保障教师教育教学专业自主权的逻辑前提。然而，现实生活中，教师对于自己教育教学活动的控制权往往被学校、政府和家长等剥夺，特别是政府的行政干预与家长的干预最为严重。

我国《教育法》《教师法》等法律规定了，政府对于中小学校教育事务的管理职责，以及对教师的日常管理。但是，在具体管理过程中，政府往往超越其行政管理权力范畴，对学校内部和教师的教育教学行为横加干涉。"一位小学教师给一家教育报社写信，反映他们那里的教师疲于应付上级的各种检查，实在苦不堪言。这些检查包括合格校验收；工作总结；对口检查，常规要求（要求每个教师听课记录每周不少于两次，有评语，有指导性意见和建议）。"② 可谓事无巨细，皆在教育行政部门的管辖范围内。这些频繁的教育检查、评比已经严重影响了教师的日常教育教学活动，给教师们带来了巨大的压力。从另一个方面来说，教育行政部门的日常检查和事无巨细的管理方式，变相地剥夺了教师的教育教学专业自主权，教师的活动被教育行政部门牵着走，已经丧失自主性。

此外，随着家长受教育水平的提高、对学校教育的重视，家长往往会以自己的教育理念和方式来审视中小学教师的教育教学活动，并提出批评和意见。这种状况的出现，一定程度上有利于家校合作，从而提高教育教

---

① 吴小贻：《教师专业自主权的解读及实现》，《教育研究》2006 年第 7 期。
② 吴志宏：《把教育专业自主权回归教师》，《教育发展研究》2002 年第 9 期。

学质量，达到教学目的。但是，现实中时常出现家长对教师教学行为的过分干预和指责，导致教师活动受限，无法展开手脚，根据自己的教学专业知识进行教育活动。"上海市教科院公布了对 1304 名中小学教师进行工作压力调研的结果：近八成教师感觉压力重。令人惊讶的是，九成教师认为家长的'过度干预'是导致教师工作压力的最大来源。一位小学老师表示："那些高学历的家长在和我说话时表现出的优势感，让我压力很大。'"此外，家长对于学校教学活动的干预，已经从学校层面进入教室层面，教师们时常会面临家长这样的质疑："为什么我家孩子不能当班长？""课表这样排不合理！""凭什么给我孩子处分？"有校长表示，如今很多家长都有高学历，接受的信息量又是海量的，他们对教育表现出超乎寻常的关心，并且倾向于将这些信息作为评判教师的标准。独生子女家长、高学历家长对孩子的关注，已从家庭延伸进学校，从课堂教学、饭菜口味，到老师的穿着打扮、个人生活，可谓"无孔不入"。①

中小学教师教育教学专业自主权是教师之所以为教师，从而区别于其他职业的本质特点，长期以来，我国中小学教师的专业地位常常受到社会各方面的质疑和干涉：教育行政部门以行政权力干涉教师，学校校长以管理为幌子干预教师，家长以自身的教育观点来干涉教师，等等。教师地位的高低很大程度上取决于其专业地位的高低，也就是教师教育教学专业自主权受到的法律上的保护程度。联合国教科文组织和我国《教师法》均明确指出教师从事教育活动是一项专业工作，既然承认教师工作是专业，就必须能有"自主权利"这一专业权利。教师拥有专业自主权可以不断提高专业化进程，将有助于满足教师的生命价值需要，更重要的是能够为学生提供更优质的教育质量。

五　教师民主参与学校管理的权利无法得到保障

对学校工作提出批评建议，参与民主管理是教师的一项重要权利，教职工代表大会是教师实现民主管理权的一个重要途径。然而，在现实中这项权利没有得到很好的落实。我国学者李永生曾做过问卷调查，教师在学校现实管理中实际参与的状况见表 5 - 1。②

①　中国教育报：http://www.jyb.cn/basc/xw/201001/t20100122_337262.html。

②　李永生：《教师民主参与管理的调查与分析》，《教育研究与实验》2002 年第 2 期。

表 5 - 1

参与程度	现实中老师实际达到参与程度（%）				
对学校管理的相关内容	不参与	知道详情	参与讨论	有权监管	有权决定
所占比例	40.03	32.96	17.31	4.64	2.01

　　我国学校内部管理实行的是"党委领导下的校长负责制"，其本质上属于"一长制"，然而在实际操作中却出现了"专权"现象，校长对"上级"唯命是从，而对中小学教师的呼声重视不足，教师成为没有参与学校管理决策权的"边缘人"。更有甚者，部分教师因为积极参与学校内部管理活动，对学校的管理和教育教学活动提出批评和建议，而被校长等学校领导私自打压，甚至解聘。典型案例如下。

　　高老师在某县一中任教长达 25 年，先后获市先进教师、特级教师等称号。1997 年，因他对学校乱收费不满，向有关部门提意见，如实反映了学校存在的问题，学校领导一气之下将其解聘。一天，校长项某突然对他说："因工作需要，学校决定不用你了，这事我跟县教委说过几次了，你去教委吧！"高老师问项某为什么要解聘他，项某不耐烦地说："没啥说的。"当天，高老师去县教委，县教委说："一中是校长负责制，不用你，我们也没办法。"接着，高老师带着材料到有关部门申诉。县委组成调查组展开调查。后来，调查组形成初步意见：高老师仍回一中上班，但必须"对过去有一个认识，对将来的工作有一个态度"。后一个由县纪委、县教委和该中学中层以上干部及高老师参加的特殊会议在一中举行。会议结束两天后，高老师回到一中找副校长说："我来要工作了。"副校长没有给他安排工作，对他说："项校长说你没有向他做检讨。"①

　　上述案例中高老师因向有关部门如实反映学校的乱收费问题，引起校长不满，校长便报复高老师而将其解聘。这严重侵犯了中小学教师民主参与学校管理的权利，是一种违反《教育法》《教师法》等相关法律的违法行为。同时，解聘属于无正当理由、没遵循法定程序的行为，侵犯了教师基于教师聘任制应享有的劳动权利。学校管理及决策程序的民主化程度、教师的参与程度、教师建议意见的渠道是否通畅等，这些都可能会动摇教师作为学校主人公的感受，间接影响教师对待教育教学工作的看法，从而

---

① 解立军：《教师的民主管理权不容侵犯》，《人民教育》2004 年第 17 期。

影响教师提升专业教育教学技能的自觉性。因此，我们必须重视教师民主管理权，从完善教育立法和学校内部管理的民主制度等角度，保护中小学教师的民主参与管理权。

第四节　侵害中小学教师合法权利的原因分析

从上文的深入论述来看，尽管《教师法》等法律规定了教师的合法权利，但是现实生活中，我国中小学教师权利的法律保护仍然不够完善，教师权利日常受侵害，涉及范围广、影响较大，有些案例性质甚至十分恶劣。我们必须重视教师权利的法律保护工作，首先，必须对教师权利受侵害的根本原因进行深入分析，只有发现了真正的原因，才能针对具体原因提出相应的解决办法。

一　相关主体的法治观念淡薄

依法治国是我国基本国策之一，而其在教育领域直接体现为"依法治教"，而依法治教的实现仰赖于教育系统内部各个主体（教育行政部门、校长、教师、学生和家长等）知法、懂法、守法，依赖于各个主体的法治观念的进步。对于教育领域的相关主体而言，最重要的是遵纪守法、有法必依，"它要求一切国家机关和武装力量、各政党和各社会团体、各企业事业组织和所有公民，都必须真正把宪法和法律作为行为准则，在宪法和法律所许可的范围内活动，切实做到严格依法办事"。① 我国《教师法》《教育法》等相关法律均规定了中小学教师所享有的各项权利，而现实中，教师权利之所以仍然屡被侵犯，原因之一就在于教育行政部门、校长、家长与教师自身法治观念淡薄、有法不依。

教育行政部门、校长与家长的法治观念淡薄，没有遵守《宪法》《教育法》《教师法》等法律的相关规定。对于教育行政部门而言，其在行使行政管理权的时候，依然守着"官本位"的封建思想，随意干预教师的教育教学活动，甚至随意解聘教师，侵害了教师的教育教学专业自主权和其他权利。我国学校实行"校长负责制"，但是对校长权力的监督机制却

---

① 舒国滢主编：《法理学导论》，北京大学出版社 2006 年版，第 307 页。

迟迟没有建立起来，这导致校长对于学校内部管理和教师的"身家性命"有着绝对的掌控权，校长的绝对权力直接导致教师民主管理权的丧失，而其后遗症就更加严重了，如校长行为的随意性常常会侵害教师的人身健康权等；而学生与家长方面，他们的法律意识淡薄，认为教师处理不公平时，不是寻找解决的办法，而是采取极端的暴力手段这种违法犯罪行为，侵犯教师的人身自由权。

此外，教师自身的法治观念淡薄、不懂得运用法律武器维护自身的合法权益也导致其自身权利受到侵害而不自知。其权利意识淡薄主要表现在两个方面。其一，教师对自身所拥有的权利具体内容不甚清楚。王岱经过一番调查后，在《南方周末》上著文《教师，你有权利说不》中指出："十多年前听说过农村学校为了升学拼命加班加点的事，没想到县级学校还普遍存在这种现象，但从没听说过这种加班没商量，不按时计酬的违犯《劳动法》《教师法》的事被诉诸法庭，我想这与当地的文化氛围、法制环境是密切相关的。人们还没有认识到或不愿认识到侵占个人休息时间，就是对个人的自身权利的侵犯。"[①] 其二，当自身的权利受到侵犯时，教师不懂得运用法律武器来维护自己的权利，不知道权利救济的相关途径，只能听之任之，忍气吞声。这就更加重了教师权利受侵害的严重程度。

二 中小学教师法律身份不明确

我国1993年《教师法》以法律的形式把教师规定为专业人员，正式确立了教师法律地位，并在第17条规定了中小学校逐步实行教师聘任制。在教师聘任制背景下，中小学教师就不再具有"国家工作人员"的身份，而是学校的雇员；教师与学校或教育行政部门之间的法律关系也发生了变化，不再是一种内部行政管理关系，而成为一种受聘与聘任的平等的民事契约关系。但是，实践中，当前我国中小学教师就处在一种既非完全的雇佣身份，又非国家工作人员身份的尴尬境地。"教师依然在很大程度上受到学校及上级教育行政机关直接的行政命令的指挥，学校和上级教育行政部门并没有严格按照合同聘用的方式管理教师，教师与学校之间是不平等的行政法律关系。这使得教师仍然受单方面的行政管理，教师和学校及教

育行政机关的平等很难真正实现。"① 此外，教师法律上身份的不明确直接影响到教师与学校、政府之间法律关系的混乱。

由于中小学教师法律地位的不明确，使得教师权利陷入"有法却不知道如何遵守""有权利却无救济"的境况。一方面，由于现行法律没有明确教师的"公务员"身份，政府在调整工资时只管公务员，不管教师，教师的住房和医疗待遇都比公务员差很多，而且学校和教育行政部门可以随意地解除教师的工作，教师工作的稳定性受到威胁；另一方面，由于各种因素的影响，使现行聘任制条件下教师的受聘实际上是一种间接的强制结果和教师的被迫服从。在教师聘任制下，学校与教师的法律地位又是不对等的，教师与学校签订的聘任合同成为一张空白的法律文书，不能产生《中华人民共和国合同法》（以下简称《合同法》）规定的对双方平等的约束力，从而影响了教师合法权益的实现。总之，中小学教师的法律身份不明确，在很大程度上将会影响教师的权利和义务、资格任用及工资待遇等，甚至在教师的权利受到侵害时，寻求救济的途径和方式也因此而不同。为了保证中小学教师的合法权利受到法律的保护，仍然必须加强教育立法工作，明确教师的法律身份，并在此基础上，理顺教师与学校、教育行政部门间的法律关系。

三　我国中小学教师聘任制度不完善

我国《教师法》规定了我国教师管理的三个主要制度，即教师职务制度、教师资格制度和教师聘任制度。对于前两个制度，国家都颁布了相应的法规，但是对于教师聘任制度还没有专门法规或规章，基本上各地根据本地实际情况而制定相应的聘任办法。由于法律法规的不健全，在教师聘任制实施过程中，无法可依，造成对教师合法权利的许多损害。实践中教师聘任制遇到诸多问题，其真正落实一直是我国教育改革的一大难题，因为教师聘任制是一个庞大的系统工程，它既与社会的政治、经济和文化因素密切相关，也与教育内部的一些实施理念存在重大的认识失误有联系。

首先，教师聘任合同的法律属性不明确，而且其规范性程度有待加强。实践中，中小学教师聘任合同内容模糊、不具体详尽，对于教师与学

---

① 刘晓燕：《中小学教师聘任制研究》，硕士学位论文，上海师范大学，2004年。

校或教育行政部门双方的权利义务规定不充分，教师聘任合同的制定过程缺乏法定程序的规范。其次，实践中，教师聘任制实施过程中法定程序的缺失，突出地体现在教师解聘过程中。现阶段，在教师聘任制条件下，我国中小学在一定程度上享有解聘教师的权力，但是在解聘教师的过程中，学校却没有法定程序能够参照，随意性较大，这直接侵害了教师的劳动权利。最后，在教师聘任制实施过程中，教师与学校或教育行政部门的关系并不如《教师法》《民法通则》《合同法》等法律规定的是平等的法律关系，现实中教师往往处于弱势地位，没有能力和勇气与学校或教育行政部门讨价还价，真正平等协商，形成合意。这种不平等的法律关系直接导致学校或教育行政部门权力的膨胀，其行使权力也就肆无忌惮，教师的合法权利无法获得真正地实现。

四 学校内部民主管理机制不健全

从上述对中小学教师权利受侵害事实的分析来看，学校内部管理机制不健全、校长权力行使的随意性大、权力缺乏监督等是教师权利受侵害的重要原因之一。本书认为，我国中小学校内部民主管理主要存在以下问题。

首先，中小学校推行的"校长负责制"在实践中往往导致校长权力的过分膨胀，没有人或组织能监督校长的权力。特别是受封建思想"官本位"的影响，部分校长的民主管理意识淡薄，习惯于"一言堂"，缺乏民主管理的态度和作风，忽视教职工的民主权利和民主要求。

其次，学校内部民主管理制度缺失。① "现有的民主管理制度比较笼统，虽然规定了学校实行民主管理，但对于实行民主管理的具体形式、程序、参与人员、机构设置、权力责任等，都缺乏细化的规定。如校务公开制度，对于校务公开的内容、负责校务公开的机构和人员、校务公开的方式和时限等都没有明确制度规定，这助长了形式主义，给学校民主管理的实施带来了困难。"

再次，教师工会、教职工代表大会等现有的民主管理监督机构难以发挥作用，没有做到"实至名归"。虽然我国的中小学都有工会组织，实行校长负责制的学校也都有配套的教职工代表大会制度，但是在学校管理实

---

① 杨大超：《完善我国中小学民主管理机制的对策》，《教育科学》2009 年第 12 期。

践中，工会组织和教职工代表大会却往往难以发挥应有的作用，履行应尽的职责。

最后，值得重视的一点是，中小学教师自身参与民主管理的意识和理念不足，参与学校内部管理的积极性不高。显而易见，学校内部推行的各项教育教学管理规定，在一定程度上都会与教师的权益直接相关，如规定教师的作息时间、加班规定、休假规定和工资待遇的规定等，所以如果教师不积极参与与其权力直接相关的各种规范性文件的制定，那么学校管理层就很有可能制定出侵犯教师合法权利（典型的如休息休假权）的规定。

总之，学校是教师最主要的活动舞台，学校内部管理机制的完善与否，往往直接决定了中小学教师权利是否会受到侵害。而现实中，校长负责制的弊端、学校内部监督机构的形式化、教师参与管理的意识不高等原因，导致学校内部民主管理机制没有真正建立起来。而在一个民主管理机制不健全的学校里，教师的合法权利谈何真正实现？

五　教师权利的相关法律法规不完善

改革开放以来，经过无数学人的努力，以宪法为核心的中国特色社会主义法律体系基本形成。与此同时，我国教育法制建设工作取得了巨大的成就，其中有很大一部分均涉及对教师合法权利的保护。但是，与其他国家相比，我国关于保障教师权利的立法无论在数量上还是在质量上，都存在不小差距。

首先，从宪法层面来看，《宪法》是我国的根本大法，对于保障包括教师在内的所有公民的基本权利有至关重要的作用。但是，在实践中，《宪法》的可诉性较低，法院不可直接援引《宪法》条款作为判决依据，这从根本上导致其在实践中很难发挥保护公民基本权利的作用。教师权利的法律保护也是如此。虽然我国《宪法》对于教师权利内容的规定，与西方发达国家大体一致，教师享有基于《宪法》规定的所有权利，但是，这些权利如何获得保护、如何真正实现等，却没有配套的法律法规予以规定。

其次，从我国教育领域的教师法来看，1993 年颁布的《教师法》是我国从宏观层面对教师权利进行具体规定的最重要的法律，它主要规定了中小学教师所应享有的"职业权利"（也就是基于教师身份而享有的各项权利)。但是,《教师法》的配套制度却始终不够完善。如《教师法》第22、23、24 条规定:"学校或其他教育机构应当对教师的政治思想、业务水平、工作态度和工作成绩进行考核""考核应当客观、公平、准确,充分听取教师本人、其他教师以及学生的意见""教师考核结果是受聘任教、晋升工资、实施奖惩的依据。"但是一直到今天,对教师的考核相关要求及其法律责任仍不明确。特别是其中对于侵犯教师合法权利的惩罚规定,用词模糊、空洞、抽象,导致具体侵权责任难以归属,侵权行为难以受到法律的制裁,难怪侵犯教师权利的行为总是一而再再而三地发生。

最后,从实体法与程序法平衡角度来看,我国教师权利保护的立法工作"重实体,轻程序"。"实体法一般是指规定主要权利和义务(或职权和职责)的法律,如民法、刑法等。程序法一般是指保证权利和义务得以实施的程序的法律,如民事、刑事诉讼法。"[1] 我国传统上立法方面,往往重视实体方面的立法,而忽视了程序方面的立法。这在教师权利保护中就体现为《宪法》《教师法》等法律对教师所享有的各项权利做了规定,而对如何实现这些权利、如何保障这些权利、当这些权利受到侵害后如何获得救济等几乎没有规定,或规定不明晰。

六　教师权利救济渠道不畅通

"有权利就必须有救济。""所谓法律上的救济,是指国家机关通过一定的程序和途径裁决社会生活中的纠纷,从而使权益受到损害的相对一方获得法律上的补救。"[2] 从法学理论来看,我国公民或组织之间发生权利纠纷,合法权利受到侵犯时,通常来说有两种方式能够使纠纷获得解决,公民的合法权利也能获得救济:一是诉讼救济方式,也就是通过诉讼的方式保护合法权利,诉讼又可分为民事诉讼和行政诉讼,两者以法律关系性质的不同而不同;二是非诉讼救济方式,在国外被称为替代性纠纷解决方式(Alternative Dispute Resolution,ADR),比如争议双方达成和解、在第三方的居间调解下,达成调解协议、民事或劳动仲裁等。"法律救济具有如下特征:首先,权利受到损害是法律救济存在的前提,如果权利未受损害,就无所谓救济;其次,法律救济具有弥补性,它是对受损害的权利的

---

① 舒国滢主编:《法理学导论》,北京大学出版社 2006 年版,第 86 页。

② 陈韶峰:《中小学教师的任用及其纠纷的处理》,教育科学出版社 2009 年版,第 209 页。

弥补；再次，法律救济的根本目的是实现合法权益并保证法定义务的履行。"①

我国《教师法》对教师合法权利受到侵害时的法律救济也作出了规定，其第 39 条规定："教师对学校或者其他教育机构侵犯其合法权益的，或者对学校或者其他教育机构作出的处理决定不服的，可以向教育行政部门提出申诉，教育行政部门应当在接到申诉的三十天内，作出处理。"可见，我国中小学教师在与学校或其他机构存在纠纷的时候，可以通过"行政申诉"的方式，主张自己的合法权利。当然，教师作为普通公民，也享有诉讼权利，可以通过提出诉讼的方式维护自己的合法权利。

然而，实践中，我国教师权利的救济渠道却出现不少问题。自 1993年《教师法》确立教师申诉制度至今，教师申诉制度未能得到充分实施，有效的申诉秩序仍未真正建立起来，其主要原因来自于申诉制度本身的不完善。首先，申诉的受理部门不明确；其次，教师申诉程序缺乏具体明确的规定；最后，教师申诉处理结果的及时执行得不到有效保证。② 此外，教师申诉制度与行政复议、行政诉讼和仲裁之间的关系还未理清。"行政复议和行政诉讼，到底是行政申诉的并行救济途径，还是后续救济途径？如果是并行救济途径，则教师提出行政申诉的同时，也可以直接申请复议或提起行政诉讼；如果是后续救济途径，则教师申请复议或提起诉讼针对的是申诉受理机关的行政不作为或申诉处理决定。"③ 这有待法律的进一步明确。

诉讼是维护教师权利的最重要也是最后的一道防线。但是，由于教师法律身份的不明晰、教师与学校及教育行政部门之间法律关系的不明确，民事诉讼与行政诉讼之争还没解决，在实践中，法院经常以不符合诉讼条件为由，对教师的起诉不予受理，导致大量教师起诉的案件得不到司法救济。

---

① 劳凯声主编：《变革社会中的教育权与受教育权：教育法学基本问题研究》，教育科学出版社 2003 年版，第 463 页。

② 宋细咏：《教师权利及其法律保护》，硕士学位论文，华中师范大学，2007 年。

③ 陈韶峰：《中小学教师的任用及其纠纷的处理》，教育科学出版社 2009 年版，第 261 页。

第五节　完善中小学教师权利的法律保障建议

一　明确中小学校教师的"公务员"法律身份

中小学教师法律身份不明晰，给中小学教师权利保护工作带来了极大的困难、阻碍和矛盾。"义务教育学校教师的法律地位问题不仅在教育系统，而且在全社会都是一个根本性的、可能会产生连锁反应的大问题，因此如何定性并建立相应的制度对义务教育学校教师队伍建设将产生深远的影响。"① 然而现实情况是，我国目前的法律规定对于教师法律身份的规定却不甚明晰。尽管我国《教师法》第 3 条规定，"教师是履行教育教学职责的专业人员"，但这只是从职业性质方面来讲的，从我国中小学教师人事制度改革的政策来看，一直是将教师定位为教育机构聘任的专业技术人员，并将其纳入"事业单位聘用人员"范围内予以规范，而"事业单位聘用人员"的法律身份是计划经济体制的遗留物，作为事业单位聘用人员的中小学教师，其与普通的劳动者是否有所区别，与公务员身份又有何不同？ 这些问题都亟待解决，如此才能真正对教师所享有的权利内容、侵权之后的救济等进行规范。

我国教育法学理论界，对于教师法律身份性质的观点，也大致可以分为两种。一是基于教师职业的公务性，赋予教师公务员地位或教育公务员地位，如劳凯声教授就认为，"为了体现义务教育学校教师职业的公务性质，应将其身份规定为公务员、准公务员或公职人员。如果近期内还难以把教师直接纳入公务员队伍或建立独立的教育公务员制度，教育政策和立法仍应积极推动确立教师的国家工作人员身份，而不应将教师定位为普通劳动者或自由职业者。"② 二是认为教师并不属于公务员，与普通雇员一样，仅仅是专业人员。这主要是基于《教师法》中对"教师聘任制"的规定而得出的。

---

① 劳凯声、蔡金花：《教师法律地位的历史沿革及改革走向》，《中国教育学刊》2009 年第 9 期。

② 劳凯声：《在义务教育阶段建立教育公务员制度的思考》，《中国教育报》2009 年 2 月 12 日第 1 版。

本书比较赞同劳凯声教授的观点，法律应该明确赋予中小学教师公务员的法律身份，将其纳入公务员管理领域。之所以持这样的观点，主要基于三点考虑。一是中小学教师职业的公共性。"教师职业的公共性是指教师职业涉及社会公众、公共经费、社会资源，其职业会影响社会公共利益，同时教师的职业劳动的结果具有社会成员共同消费、利用的可能性。"① 中小学教师的教育教学行为与普通的劳动者的工作性质并不相同，其工资是由国家财政支付的，其任用主体是公立学校或教育行政部门等国家公权力机构。因此，为了维护教育公共利益，应该赋予教师公务员的法律身份。二是我国长期以来以事业单位管理模式来对教师进行管理的传统。事业单位是我国独有的组织和管理模式，我国现行法律体系中，对事业单位（公立学校）及其人员（如教师）的管理依然是参照公务员制度来进行的。从我国现有教育法的规定来看，教师虽然不是公务员，但现有的教师管理制度基本上是参照公务员制度。因此，将教师纳入公务员队伍，更符合我国的传统和历史情况。三是公务员的法律身份，能够更好地保护中小学教师的合法权益。典型的是教师的工资待遇问题，《教师法》第 25 条规定："教师的平均工资水平不应当低于或者高于国家公务员的平均工资水平。"但是，实际情况是，长期以来，教师的工资低于公务员，甚至会被拖欠，更不用说公务员享有的其他福利待遇了。

本书认为，从法律上明确中小学教师的"公务员"法律地位是维护教师合法权利、构建教师权利保护法律体系的最基本、最重要的一步，在此基础上，才能进一步完善各种教师权利保护措施。此外，将教师队伍纳入公务员行列，就必须重新设想其适用的法律法规。目前，我国对公务员的管理主要基于《中华人民共和国公务员法》（以下简称《公务员法》），但是考虑到教师职业的特殊性，本书认为，我国可以借鉴日本的做法，出台专门的《教育公务员法》，以此来对中小学教师的法律地位进行规定，同时在《教育公务员法》中详细列明中小学教师所享有的普通公民的权利与基于教师职业而享有的职业权利，特别是教育教学专业自主权等。

二　提升教师聘任合同的规范程度

教师聘任制成为我国教师管理的基本制度之一。尽管教师聘任制有利

---

① 余雅风主编：《新编教育法》，华东师范大学出版社 2008 年版，第 134 页。

于我国教育事业的长远发展，但是实践中，我国无教师聘任制的专门立法，这使得我国中小学校的教师聘任实际上处于一种无序状态，各个地区、各个学校均按照自己的设想，各行其是，没有一定的程序规范加以限制，再加上教师相对于校长、教育行政部门的弱势地位，所以在教师聘任制实施过程中，侵犯教师权利的现象时有发生。本书认为，教师聘任制是否完善与中小学教师的切身利益极其相关，因此，要保护教师合法权利不受侵害，就必须完善教师聘任制，提高教师聘任合同的规范程度，真正建立起教师与学校、教育行政部门的平等协商关系。

首先，完善教师聘任制的相关程序性规定，保证教师聘任制的有序实施，特别是其中解聘教师的程序。当前，因为教师聘任制的不完善，相关法律法规并没有规定解聘教师的具体程序，所以在学校解聘教师时，很容易出现侵犯教师权益的事情发生。有研究者就指出，解聘教师的正当程序至少应该包括："1）告知制度。学校在作出解聘决定前应当将决定的内容通过书面的形式告诉教师本人。如果学校在行使解聘权时没有及时向教师告知相关信息，被解聘的教师就无法采取必要的措施保护自己的合法权益。2）说明理由制度。即学校在向教师发出其被解聘的通知时，应说明解聘教师的理由，包括事实及法律依据。3）听证制度。即学校在作出正式解聘教师的决定之前，应该给教师提供表达意见和自我辩护的正式机会，确保被解聘教师陈述权与申辩权的行使，学校解聘决定的最终形成，应充分考虑听证中的相关意见。"①

其次，我国中小学教师聘任合同的规范性程度较低、随意性较大，这极大地影响了教师的合法权利。比如，教师聘任合同缺少法定必备条款、合同款项的措辞模糊、合同形式单一，甚至出现不合法的内容等，因此，我们必须努力提高教师聘任合同的规范性程度。例如，"教师聘任合同应尽量少用模糊性词语，如果在条款中出现了模糊性词语，则应该在细则中对这些词语进行明确的界定。同时，将工资表、教师评定表等范本添加到聘任合同的附件中，以免产生不必要的纠纷。"② 此外，我们可以适当引入"法律审查"制度，由相关机构对教师聘任合同内容的合法性进行审查，防止聘任合同出现违法的条款，从而导致居于强势地位的学校或教育

---

① 万金店：《中美教师解聘制度比较研究》，《国际关系学院学报》2009 年第 5 期。

② 韩欣等：《增强中小学教师聘任合同的规范性》，《中小学管理》2006 年第 8 期。

行政部门给教师设定过多的义务或减少教师的合法权利，最终损害教师的权益。

最后，从法律上和实践中，确认中小学教师与学校、教育行政部门基于教师聘任合同的平等的法律关系。平等的法律关系对于中小学教师权利保护而言至关重要。实践中，由于教师的弱势地位，在签订教师聘任合同的过程中，学校或教育行政部门往往居于有利地位，而单方面加重了教师的义务、减少了其合法权利。因此，本书认为，不仅应该从法律上明确两者的平等关系，更应该在实践中适当提高教师在聘任过程中讨价还价的协商能力，最终形成权利义务对等的聘任合同。由此，教师权利才能得到更好的保护。

三　完善学校内部民主管理机制

学校内部民主管理机制直接影响着教师合法权利的实现。在日常的学校生活中，校长的权力过大，往往容易侵犯教师权利，因此，必须完善学校内部民主管理机制，建立权力的监督制衡机制。"为使学校管理中的自由裁量权不至于过分形式，应当确立一套能够对其自由裁量权进行监督和制约的机制，做到校长能用人而又不至于'欺人'。"① 此外，应该发挥教师工会的作用，《中华人民共和国工会法》规定："工会在维护全国人民总体利益的同时，代表和维护职工的合法权益。""工会组织职工依照法律规定参加本单位的民主管理和民主监督。"发挥教育工会作用，让教育工会真正代表教师利益，成为为教师说话的代理人。

同时，完善教育职工代表大会制度，积极发挥教职工代表大会的监督权和批评建议权。2011 年教育部发布了《学校教职工代表大会规定》，其中详细规定了学校职工代表大会的职能和权力，对于我国完善学校内部管理机制、保护教师的合法权利起到了积极作用。

四　完善教育立法

中小学教师享有的合法权利在《教师法》等法律中多有反映，但是由于我国教育立法起步较晚，各项教育法律法规并不十分健全，法律保障机制很不到位，所以使得教师权利特别是中小学教师的合法权利常受到各

---

① 黄崴主编：《教育法学》，高等教育出版社 2007 年版，第 190 页。

种侵害。因此，我们首先必须积极推进教师权利相关的立法工作，让教师权利的法律保护事业，做到有法可依。这是保障教师合法权利的前提和基础。

本书认为，完善教育立法可从以下几个方面着手。首先，具体化、细化教师所享有的权利内容，对教师的专业地位、专业训练、专业自主权、职业伦理规范、在职进修制度、专业资格制度、专业组织等方面应作明确的规定，不应该含糊其辞。其次，完善与教师有关的法律实施细则，配套的行政法规、部门规章和地方性法规。法律有局限性，立法难免有漏洞，这就需要完善法律的实施细则等配套的法律法规。最后，提高教育立法技术水平。提高教育立法水平，不断完善教育立法技术，以保障教师权利的法律规范在表现形式和内容结构上的严谨性、逻辑性。①

五　完善教师权利的救济渠道和侵权责任追究制度

"有权利必有救济。"实践中，现在《教师法》规定的"申诉"难以有效保护教师的合法权益，而其他权利救济渠道又亟待建立和完善。本书认为，完善教师权利救济渠道，可从以下两个方面进行。

首先，要完善教师申诉制度。尽管其存在一些理论上和实践上的问题，但依据《教师法》的规定，教师申诉制度仍然是目前我国法律体系中解决教师聘任纠纷、维护教师合法权益的主要方式。然而，由于《教师法》对教育申诉制度的规定过于原则、没有细化具体的内容，导致实践中，教师申诉制度无法发挥应有的作用。有学者就建议，我国教师申诉制度可以"建立校内申诉制度，设立校内教师申诉委员会，可依托校内有关部门，如教师工会"；同时，建立"公布制度、说明理由制度、告知制度、案卷制度、听证制度、调查制度、回避制度、合议制度、责任制度"；此外，必须"修改有关教师申诉的条例，加强教师申诉制度的程序性内容"②。

其次，建立教育仲裁机构或教育法庭，做到"违法必究"。教育仲

---

① 朱鲜良：《我国中小学教师权利保障问题研究》，硕士学位论文，江西师范大学，2010 年。

② 鱼霞、申素平等：《教师申诉制度研究》，《教师教育研究》2005 年第 3 期。

裁是指通过仲裁机构，裁断平等主体之间教育纠纷的制度。仲裁意味着各方当事人自愿将他们之间发生的争议交给各方同意的第三方进行裁决，从而求得争议的解决。① 至于设立教育法庭，主要涉及的是教育法是不是一个独立的部门法问题，我们可以从理论和实践上继续研究其可能性。

此外，我们必须明确侵犯教师权利的责任，完善责任追究制度。现代法律中，"权利—义务—责任"构成了法律的基本格局。一部法律总是通过规定人们必须或应当遵守的行为模式与违反法定行为模式的责任和受制裁的方法及程序来实现法律对社会关系的指引和调整的。因此，法律责任是法律运行中不可缺少的保障机制，是制止违法、保障权利的重要环节。② 现实生活中，教师权利受到侵犯后，侵权主体（如学校、教育行政部门）往往没有承担应有的责任，这种责任缺失的状态间接助长了教师权利受侵害的事实。因此，必须完善侵权责任制度，让侵权主体得到应有的法律制裁，才能真正保护教师的合法权利。

六 提高相关主体的法治意识

从心理学上讲，一个人的观念和意识往往决定着其行为和作风。在依法治国的背景下，法治理念是每一个公民所应具备的基本素养。然而，如前面所述，在实际中出现的对教师的侵权现象固然与教育法律法规的不完善有关，但更值得注意的是教育行政部门、学校、教师与学生家长等相关主体的法治意识淡薄、守法意识不强，这也是重要原因。因此，本书认为，提高相关主体的法治意识、树立依法治教的理念是维护教师合法权利的基本保障措施。

虽然法治意识和依法治教理念的提高不是一蹴而就的，而是立足于长远、需要循序渐进的，但这并不能成为我们放弃此项工作的理由。广泛开展法制教育必须从以下几点出发③：首先，政府和教育行政部门的领导工作人员要知法守法，依法管理教师；其次，学校领导要学习和掌握有关的法律法规，做到依法管理教师；最后，教师要强化法律意识，增强法制观

---

① 宋细咏：《教师权利及其法律保护》，硕士学位论文，华中师范大学，2007年。

② 劳凯声主编：《变革社会中的教育权与受教育权：教育法学基本问题研究》，教育科学出版社2003年版，第444页。

③ 黄崴主编：《教育法学》，高等教育出版社2007年版，第191页。

念，利用法律、法规来保障自己的权利。另外，本书认为，学生及其家长也应该增强法律意识，自觉维护教师的合法权利，当遇到意见不统一时，应该冷静分析、及时沟通，而不能采取暴力等违法犯罪手段，危害教师合法权利。

第六章

中小学教师聘任制改革研究

自十一届三中全会以来，随着我国改革开放的不断推进和深入，教育体制改革的步伐也逐步加快，许多有识之士纷纷提出改革中小学校人事制度，废除教师任命制、实行中小学教师聘任制的呼声越来越浓，自此中小学教师聘任制就进入了政府的议事日程。在 1993 年国家颁布的《教师法》和 1995 年颁布的《教育法》中，均明确规定了中小教师实行聘任制。然而，由于受计划经济体制的长远影响、经济发展不平衡、配套制度不健全等各方面的原因，实践中，中小学教师聘任制并没有得到很好的实施，也没有取得预期的效果。中小学教师聘任制面临"形式化"的危险，陷入了实践中的困境。当然，实践中导致中小学教师聘任制得不到有效实施的原因是多方面的，本书无意一一列举加以研究，重点在于：从教育法学的视角，深入分析并阐释我国中小学教师聘任制实施过程中遭遇的教育法层面的问题与障碍，并从完善教育立法的角度，提出保障中小学校教师聘任制有效推行的对策建议。

第一节　中小学教师聘任制改革的历史进程、主要内容及其意义

一　中小学教师聘任制改革的历史进程

自改革开放以来，我国开始建构社会主义市场经济体系，社会结构也开始发生深刻的变化，形成三元共存的结构：市场领域、政治领域与社会领域。正所谓，经济基础决定上层建筑，"一个逐步发育成熟的市场体系对教育造成了极大的挑战。如何在新的社会结构中给教育做社会定位，似

乎正在遭遇一种自我确证的困境。"① 在从计划经济体制向市场经济体制转型的过程中，在政府职能转变、资源配置方式发生变化、社会转型的大背景下，教育体制改革的步伐也逐步加快。1985 年 5 月国家颁布了《中共中央关于教育体制改革的决定》，其核心目标之一就是提高并落实公立学校的办学自主权。而自由聘任教师是学校办学自主权的主要内容之一。因此，许多有识之士纷纷提出改革中小学校人事制度，废除教师任命制、实行中小学教师聘任制，自此中小学教师聘任制就进入了政府的议事日程。

1. 1949—1986 年：实行教师任命制或派任制

新中国成立初期，我国中小学人事制度管理主要是借鉴苏联的教师管理模式，对于如何任用中小学教师方面，我国采用的是"任命制"（或者说是"派任制"），这一制度的主要特点是：教师的录用、任命和调配等管理工作都通过计划与行政的形式和手段进行；符合教师资格的人，主要是各级师范大学或中师的师范生，由行政部门分配或调配到指定的学校任教，并由行政部门委托学校进行管理；中小学校不能自由地选任和聘任教师。此外，在这种教师任命制度下，教师的法律身份是国家工作人员，政府以公务员的方式来对待教师，而教师也享有并承担同公务员一样的一般权利和义务。

以当前的眼光来检视教师任命制或派任制，虽然其有很明显的弊端和局限性，但是在计划经济体制背景下，教师任命制是适应计划经济体制这个制度环境的一项制度安排，曾经对我国教育的发展起了到积极的推动作用。当然，随着经济的发展，特别是前述的计划经济体制向市场经济体制转型的过程中，传统的中小学教师任命制或派任制的缺陷和弊端也逐步凸显："教师任命制不利于调动教师工作的积极性，使教师的管理缺乏活力，不利于教师的合理流动与优胜劣汰。特别是我国中小学实行校长负责制后，教师任命制使学校缺乏自己合理使用教师的办学自主权，学校不能根据自身的需要建立灵活的用人机制。"② 可见，新形势下，传统的教师任命制或派任制已经成为制约我国中小学校进一步发展的瓶颈，必须在新

---

① 劳凯声主编：《变革社会中的教育权与受教育权：教育法学基本问题研究》，教育科学出版社 2003 年版，第 3 页。

② 黄崴主编：《教育法学》，高等教育出版社 2007 年版，第 202 页。

的制度环境下，进行相应的调整和改革。

2. 1986—1995 年：我国中小学教师聘任制度的基本确立

随着社会主义市场经济体制改革的逐步推进，教育体制改革的步伐也不断加快。中小学教师聘任制度是我国教师人事制度改革的主要内容之一，而教师聘任制度的基本确立主要体现在党中央、国务院及全国人大制定并出台的一系列与教师任用和管理相关的教育政策与法律法规文件之中。

1986 年 5 月 19 日，在中央职称改革工作领导小组《关于转发国家教育委员会中、小学教师职务试行条例等文件的通知》中明确提出："中学教师职务实行聘任或任命制。……聘任或任命教师担任职务应有一定的任期，每一任期一般为三至五年。可以续聘或连任。"这一文件的出台，一方面是响应了 1985 年出台的《中共中央关于教育体制改革的决定》，另一方面也是第一次在教育领域内提出"教师聘任"这一核心概念，主要涉及中小学教师职责、任职条件、考核和评审等内容，可见这一文件的重要性。紧接着，1988 年，原国家教育委员会召开了全国中小学教师职务聘任工作会议，进一步明确了中小学教师职务聘任工作的指导思想，同时逐步在实践中落实中小学教师聘任制。

1993 年 10 月 31 日通过的《教师法》中的第三章第 17 条明确提出："学校和其他教育机构应当逐步实行教师聘任制。教师的聘任应当遵循双方地位平等的原则，由学校和教师签订聘任合同，明确规定双方的权利、义务和责任。实施教师聘任制的步骤、办法由国务院教育行政部门规定。"紧接着，在 1995 年颁布出台的《教育法》中也明确提出"国家实行教师资格、职务、聘任制度"和"学校及其他教育机构中的教学辅助人员和其他专业技术人员，实行专业技术职务聘任制度"。从法律角度规定了教师实行职务制度和专业技术职务聘任制度，为聘任制的进一步深化实施提供了合法性依据。

从 1986 年的《关于转发国家教育委员会、中小学教师职务试行条例等文件的通知》到 1995 年的《教育法》的颁布，我国中小学教师聘任制实现了从"教育政策"到"教育法律"的飞跃，中小学教师聘任制的基本原则获得了法律的认可，其具体的落实和执行也有了教育法律的明确规定做依据。

3. 进入 21 世纪以来：中小学教师聘任制度的不断推进和深化

2002 年，《国务院办公厅转发人事部关于在事业单位试行人员聘用制度意见的通知》（国办发〔2002〕35 号）中明确提出在全国事业单位试行人员聘用制度，作为事业单位用人制度的重要改革措施。《关于在事业单位试行人员聘用制度的意见》对聘用制度的基本原则和实施范围、聘用程序、聘用合同的内容、考核制度、解聘辞聘制度等作出了明确规定，提出了具体要求。所涉及的内容全面而详尽，掀起了教师聘任制改革的第二轮热潮。①

2003 年，人事部办公厅印发《关于深化中小学人事制度改革的实施意见》（国人部发〔2003〕24 号），将《国务院办公厅转发人事部关于在事业单位试行人员聘用制度意见的通知》落实到教育领域，其内容主要强调拓宽教师来源渠道，按需设岗、公开招聘、平等竞争、择优聘用，还进一步从法律程序上明确了教师在聘任中享有的权利。

2010 年 7 月发布的《国家中长期教育改革和发展规划纲要（2010—2020 年）》仍然坚持教师聘任制作为教师任用制度的主要方式，其第四部分"保障措施"第 17 章中明确规定："省级教育行政部门统一组织中小学教师资格考试和资格认定，县级教育行政部门按规定履行中小学教师的招聘录用、职务（职称）评聘、培养培训和考核等管理职能。"至此，中小学教师聘任制度已作为新时期的教师任用制度被确定下来，并获得了教育政策与法律的肯定。教师聘任制成为我国教师管理的基本制度之一。

二　推行中小学教师聘任制的意义和作用

1. 教师聘任制的实施有利于提升学校的办学自主权

长期以来，我国教师的任用是采取任命制或派任制，教育行政部门控制着教师的任用权力，而作为教师直接管理单位的学校却没有权力任用教师。这种模式导致诸多问题。一方面，教育行政部门无法真切地了解学校需要什么类型、什么水平的教师，其通过行政手段将教师强行安排进中小学，破坏了学校的正常教育教学工作；另一方面，学校作为教师的直接任用和管理的单位，明明知道本学校缺什么教师，但是却没有权力自行招聘教师，无法获得合适的教师。而在教师聘任制度的背景下，学校就享有一定程度的招聘教师的自由权，这种权力对于提升学校的办学自主权至关

①　李丹：《制度变迁视角下中小学教师聘任制问题研究》，硕士学位论文，西南大学，2008 年。

重要。

2. 教师聘任制有利于激发教师的工作热情和活力

教师聘任制在一定程度上打破了以往计划经济体制下教师的"铁饭碗"，迫使中小学教师进入竞争轨道。教师聘任合同中都规定了一定的聘期，我国各地对聘期的规定不尽相同，一些地方的聘期为一年，每年进行考核、聘任，一些地方的聘期为 3—5 年。聘期有长有短，但均有期限，期限一到，中小学教师就必须接受用人单位（学校或教育行政部门）的考核，考核合格之后才有可能继续获得聘任。教师成为一种"能上能下，能进能出"的动态职业，增强了教师队伍的活力，提高了整个教师队伍的素质。在这种竞争环境下，教师的工作热情和活力将被激发出来，将会更加注重自身的教学水平和能力，从长远来看，这有利于我国学校教育质量的提高，有利于我国教育事业的长足进步。

3. 教师聘任制有利于教师的合理流动

传统上，鉴于教师的国家工作人员的身份，教师的工作往往与学校和教育行政部门挂钩，教师的人事关系在教育行政部门。如果教师希望去其他地区或学校从事教育教学工作，就必须获得学校或教育行政部门的许可。这往往加大了教师，特别是优秀教师的合理流动，限制了教师自由选择工作岗位和单位的权利。而中小学教师实行聘任制后，教师合理流动成为可能。如前所述，我国教师聘任合同中明确的聘期规定，实行教师聘任制后，教师不再属于某个学校，教师与学校根据实际情况签订灵活的聘任合同，不仅促进教师的合理流动，而且有利于学校对优秀教师资源的共享。此外，我国实行教师资格证书制度，《教师法》第 10 条规定："中国公民凡遵守宪法和法律，热爱教育事业，具有良好的思想品德，具备本法规定的学历或者经国家教师资格考试合格，有教育教学能力，经认定合格，可以取得教师资格。"这表明，我国中小学教师的来源不单单限制于高等或中等师范学院，综合性院校的学生只要具备教师资格条件，就能够从事教师工作。这有利于吸引社会优秀人才进入教师行业，提升我国教师的素质和能力，而且从长远来看，也能够优化我国中小学教师队伍结构。

三　中小学教师聘任制的主要内容及其特点

《教师法》第 17 条规定："学校和其他教育机构应当逐步实行教师聘任制。教师的聘任应当遵循双方地位平等的原则，由学校和教师签订聘任合同，明确规定双方的权利、义务和责任。"那么，何谓教师聘任制呢？我国中小学教师聘任制是"聘任双方在平等自愿的基础上，由学校或者教育行政部门根据教育教学需要设置工作岗位，聘请具有教师资格的公民担任相应教师职务的一项制度"。①

1. 中小学教师聘任制的主要内容

（1）公立中小教师聘任的形式

基于教师聘任主体实施的不同聘任行为，中小学教师聘任的形式也不同，而不同的聘任形式，其法律效力和效果也大不相同，对于学校和教师也会产生不同的影响。目前，我国中小学教师聘任的形式大致可分为以下四种②。

一是招聘。即用人单位面向社会公开、择优选择具有教师资格的应聘人员，其程序一般是先由用人单位经人才交流部门批准，然后以广告或启事的形式提出所需人员的条件、工作性质、职务和待遇等，通常要对应聘者进行审查、考核和考试等。

二是续聘。即聘任期满后，聘任单位与教师继续签订聘任合同。通常是聘任期间双方合作愉快，双方自愿续签聘任合同。

三是解聘。即用人单位因某种原因不继续聘任教师。聘任合同具有法律效力，用人单位在解聘教师时，须有正当理由，否则应承担相应的法律责任。

四是辞聘。即教师主动请求用人单位解聘聘任合同的行为。教师因某种原因不能继续履行合同，给用人单位带来损失的，应依照聘任合同的规定，承担相应的法律责任。

（2）教师聘任合同是教师聘任制的核心

根据《教师法》的规定，教师与用人单位（学校或教育行政部门）必须签订教师聘任合同。"中小学校教师聘任合同是指学校或教育行政部门依据教育法律和政策，与教师通过协商的方式，在意思表示一致的基础上达成的协议。"③ 本书认为，教师聘任合同是中小学教师聘任制的核心，没有聘任合同，教师聘任制也就土崩瓦解、毫无存在的价值和意义了。签

---

① 余雅风主编：《新编教育法》，华东师范大学出版社 2008 年版，第 150 页。

② 潘世钦等主编：《教育法学》，武汉大学出版社 2004 年版，第 128 页。

③ 余雅风：《探索权力与契约的最佳契合》；劳凯声主编：《中国教育法制评论（第 8 辑）》，第 182—192 页。

订教师聘任合同的目的在于确立受法律保护的人事关系，切实明确教师与学校或教育行政部门之间的责任、权利和义务。

此外，学校以教师聘任合同为依据来管理教师。学校和教师在平等协商的基础上，通过签订聘任合同形成聘任关系。聘任合同是规范学校和教师之间劳动关系的具有法律效力的契约性文件，明确规定了双方的权利、义务和责任。聘任期间，学校对教师实行合同化管理，规范了学校的管理行为。而且，根据教师聘任合同，教师的合法权利也能获得法律的保障。例如，无正当理由，学校不能随意解聘教师。一旦发生法律纠纷，聘任合同是解决双方争议的法律依据。当然，现阶段，我国的教师聘任合同在法律属性、规范程度、权威性等方面均存在不同程度的问题，有待我们加以研究解决。

（3）中小学教师聘任制度的基本程序

根据《教师法》及其他相关行政法规和教育政策，中小学在招聘教师的时候，必须遵循一定的程序[①]：首先，学校根据工作需要设置专业技术岗位，然后在定编定岗的基础上确定职务结构，最后是学校和教师双方签订聘任合同，完成聘任程序。

此外，在我国，取得教师资格的人首次任教，应当有试用期。在试用期内，学校或教育行政部门可以对其从事教育教学工作的能力、水平予以考察，决定是否予以聘任或担任某种教师岗位工作。试用期通常为一年。

在聘任期间，学校或教育行政部门无特殊理由不能辞聘或解聘教师。确需变动时，应提前与对方协商，双方承担一致的协议后，方可变更或解除合同。最后，如果学校与教师发生了合同上的纠纷，也必须依照聘任合同的规定和法定程序进行处理，判定彼此应当承担责任的程度。

2. 中小学教师聘任制的基本特点

如前所述，我国中小学教师聘任制改革正是针对传统的教师任命制或派任制中不合理的用人方式，顺应市场经济体制的大环境，而重新确立学校新的用人制度。教师聘任制强调学校和教师之间的平等自愿关系和相互选择性，打破教师终身任用制，并在营造教师工作竞争氛围的基础上调动教师的工作积极性，激发教师的工作责任感。根据《教师法》的规定、教师聘任制的主要内容（其形式、程序等）及我国教师聘任制改革的实

---

① 余雅风主编：《新编教育法》，华东师范大学出版社 2008 年版，第 152 页。

践，本书从理论上总结了我国中小学教师聘任制的几个基本特点。

（1）教师聘任是教师与学校或教育行政部门之间的法律行为，双方通过聘任确立法律关系。"所谓法律行为，是以意思表示为核心，以产生、变更、消灭民事法律关系为目的的行为。易言之，法律行为是以发生私法上效果的意思表示为要素的行为。"① 可见，经由教师聘任，教师与学校或教育行政部门的意思表示一致，签订聘任合同，规定了双方应该享有的权利、应该履行的义务和承担的责任。

（2）教师与学校或教育行政部门是平等的法律关系，聘任的实现以双向选择为依据。学校在面向社会公开招聘教师的过程中，实行平等竞争、择优聘用。教师与学校实行双向选择，优胜劣汰。教师依其自身条件选择学校，并凭实力竞争上岗；学校择优聘任教师，并积极创造条件吸纳优秀人才，真正体现教师与学校之间的双向选择。

（3）教师聘任合同是学校或教育行政部门管理教师事务的新型手段或方式。计划经济体制下，传统上政府是以行政命令或行政规定的方式来对教师进行管理的，这种方式有其固有的毛病；而教师聘任合同出现之后，其就成为教师管理的新型方式。聘任合同是规范学校和教师之间劳动关系的具有法律效力的契约性文件，明确规定了双方的权利、义务和责任。聘任期间，学校对教师实行合同化管理，规范了学校的管理行为。一旦发生法律纠纷，聘任合同是解决双方争议的法律依据。

（4）聘任过程社会化与公开化。② 为了打破教师来源渠道的单一性，学校面向社会公开招聘教师，拥有教师资格证书的人员均可应聘相应的教师职位。这样既有利于保障聘任过程的公平与公正，拥有教师资格的人员可以平等就业，也拓宽了师资来源，教师队伍能不断从教育领域之外吸引优秀人才，促进教育领域内外的人才流动，从而提高教师队伍的整体素质。

值得注意的一点是，上述对中小学教师聘任制的主要内容及其基本特点的阐释，更多的是从学理上、应然层面上，以教育法学的视角，对中小学教师聘任制法律精神的一个分析。"但应然的教师聘任制与实然的教师聘任制存在较大的差别，甚至相互冲突。"③ 目前我国中小学教师聘任制

---

① 王利明等：《民法学》，法律出版社 2008 年版，第 94 页。

② 刘晓燕：《中小学教师聘任制研究》，硕士学位论文，上海师范大学，2004 年。

③ 陈鹏、祁占勇：《教育法学的理论与实践》，中国社会科学出版社 2006 年版，第 336 页。

的实施处于改革阶段，且受政治、经济等多方面因素的影响，上述的教师聘任制的特点并没有完全实现。各地方在实际操作过程中，实施情况不尽相同，存在较多问题。

第二节　中小学教师聘任制改革中面临的问题与障碍

改革开放进行了三十几年，现阶段我国社会仍然处于社会转型的关键时期，新旧事物更替，新旧观念处于冲突之中。对于我国广大教育管理者、教育工作者来说，中小学教师聘任制仍然是一件新鲜的事物，受政治、经济和文化等方面的影响，要让教育行政部门和教师一下子就接受并落实教师聘任制仍然有很大的困难。更重要的是，由于教育立法工作的滞后，教师聘任制相关的法律法规和规章制度还很不完善。因此，尽管中小学教师聘任制的实行取得了一定的成效，但是，在实施过程中，仍然存在许多亟待解决的问题。从教育法学的视角来看，中小学教师聘任制面临着许多法律制度上的模糊、冲突和矛盾，其中既有理论上的冲突，也有实践中的障碍。

一　中小学教师法律地位还未明确，教师与学校、政府间法律关系不明晰

改革开放之前，我国社会的阶层结构是一种"身份制"结构，"这种地位规则界限明确，一般不能由个人根据其意愿自由更改，甚至有的是与生俱来，在人的一生中若无特殊情况不会变化"①。在这种身份制体系中，中小学教师由国家人事部门严格地按照国家干部的身份进行统一管理。"国家通过任命的方式，将教师纳入国家干部队伍，教师接受一种与政府官员基本相同的管理形式。教师与政府之间直接构成了一种隶属性的内部行政关系，其权益由政府保障，并接受政府的指导监督。"② 我国中小学教师法的"国家干部"身份以及其与国家一直保留到 1994 年《教师法》

---

① 张清：《从身份到契约：当代中国社会分层结构之变迁》，《广西社会科学》2002 年第3 期。

② 劳凯声、蔡金花：《教师法律地位的历史沿革及改革走向》，《中国教育学刊》2009 年第9 期。

的实施。

《教师法》以法律的形式把教师规定为专业人员，正式确立教师新的法律地位，并在第 17 条规定了中小学校逐步实行教师聘任制。在教师聘任制背景下，中小学教师就不再具有"国家工作人员"的身份，而是学校的雇员；教师与学校或教育行政部门之间的法律关系也发生了变化，不再是一种内部行政管理关系，而成为一种受聘与聘任平等的民事契约关系。

但是，实践中，当前我国中小学教师就处在一种既非完全的雇佣身份，又非国家工作人员身份的尴尬境地。"教师依然在很大程度上受到学校及上级教育行政机关直接的行政命令的指挥，学校和上级教育行政部门并没有严格按照合同聘用的方式管理教师，教师与学校之间是不平等的行政法律关系。这使得教师仍然受单方面的行政管理，教师和学校及教育行政机关的平等很难真正实现。"[1] 此外，教师法律上身份的不明确直接影响到教师与学校、政府之间法律关系的混乱。例如，有学者指出，"教师与学校之间的聘任关系既具有行政法律关系的某些特征但又不同于典型的行政法律关系，既具有劳动关系的特征但又不属于私法意义上的劳动关系。改革使问题变得不再是非此即彼那么简单，而呈现出一种非此非彼、亦此亦彼的复杂情况。"[2] 法律关系的不明晰很大程度上将会影响教师的权利和义务、资格任用及工资待遇等，甚至在教师的权利受到侵害时，寻求救济的途径和方式也因此而不同。

此外，教师法律身份的不明确，也导致在聘任制实施过程中，中小学教师的合法权益很难得到法律的保护。因为目前教师的管理既不能参照适用《公务员法》，也不能直接适用《劳动法》和《劳动合同法》，公务人员享有的国家工作人员的身份保障与企业的普通劳动者享有的劳动权益保障对教师来说都无法享有。可以说，中小学教师合法权益的保障一度处于无从保护的状态。

实际上，《教师法》将教师定位为"专业人员"，仅仅是从职业性质的角度对教师的法律身份做了界定，但是并没有明确规定教师的法律地

---

① 刘晓燕：《中小学教师聘任制研究》，硕士学位论文，上海师范大学，2004。

② 劳凯声、蔡金花：《教师法律地位的历史沿革及改革走向》，《中国教育学刊》2009 年第 9 期。

位，特别是没有对"教师是否为国家公务员"这个问题作出明确回答。这导致教师聘任制在实行过程中遇到诸多问题和矛盾。典型的如"我国基础教育的管理中，实行的是具有纵向型行政法律关系特征的教师任用和管理制度，这显然与教师聘任制确定的法人与公民之间的横向型法律关系相矛盾"①。因此，为了保证教师聘任制的有效实行，必须加强教育立法工作，明确教师的法律身份，并在此基础上，理顺教师与学校、教育行政部门间的法律关系。

二　教师聘任合同的法律属性不明确，而且其规范性程度有待加强

教师聘任合同是指学校或教育行政部门和教师双方按照平等自愿、协商一致的原则，签订具有法律拘束力的合同，其目的在于明确合同双方的人事关系，切实明确双方的责任、权利和义务。如前所述，教师聘任合同是教师聘任制的核心，也是其能否真正落实的关键。有学者就曾指出，"这是劳动合同制在教育领域的具体运用，教师聘任制度实质上是一种劳动合同制度"②。可见教师聘任合同的重要程度。但是，当前，无论是在理论上，还是在实践中，教师聘任合同均出现许多问题。

首先，在理论上，教师聘任合同的法律属性不明确，教师聘任合同是普通的民事合同、劳动合同，还是行政合同，教师法等其他相关法律法规没有给予明确的规定。"对于教师聘任合同性质的界定，学界有不同的认识：一是认为教师聘任合同是行政合同，将教师的聘任关系归入行政关系中；二是认为教师聘任合同是私法上的合同，从而认为其是一种普通的民事关系；三是认为教师聘任合同属于劳动合同，教师与学校的关系既不同于行政关系，也不同于民事关系，而是属于劳动合同关系。"③ 教师聘任合同的性质究竟为何，对于聘任过程中学校的自主权、教师的合法权益及相关教育公共利益的保护是至关重要的。合同法律属性的不同将会影响到学校与教师之间的法律关系的界定及双方权利义务的分配。此外，也会影响到教师的救济途径，究竟是以民事途径、行政途径还是仲裁途径等。因此，我们必须从法理上对教师聘任合同的法律属性做进一步深入研究，明

---

① 黄崴主编：《教育法学》，高等教育出版社 2007 年版，第 204 页。

② 郑良信：《教育法通论》，广西教育出版社 2000 年版，第 181 页。

③ 余雅风主编：《新编教育法》，华东师范大学出版社 2008 年版，第 151 页。

确聘任合同的性质。

其次，教师聘任合同中，教师与学校或教育行政部门的法律关系实际上是不对等的。虽然我国《教师法》第 17 条明确规定了教师聘任合同要平等协商，但是实践中，由于各方面因素的影响，这种平等的关系是无法真正达成的。学校或教育行政部门的角色是双重的，一方面它既是教师聘任合同的相对方，根据"契约精神"，其地位理应与教师平等；但同时，它也是教师事务的管理者，享有对教师的教学工作等的行政权力。这种双重角色就决定了，聘任合同的双方是不可能平等的。"在这种双重身份下，学校可以理直气壮地对教师进行领导和支配，从而导致在学校教师聘任制实施过程中形式上的平等协商和实际上的单边任命。"[①] 此外，长期以来教师与学校形成了复杂的人身关系，教师在聘任过程中只能处于被动的地位，因为教师根本没有资本与学校或教育行政部门展开平等的对话。这一点直接导致了教师聘任制的形式化。

再次，实践中，中小学教师聘任合同内容模糊、不具体详尽，对于教师与学校或教育行政部门双方的权利义务规定不充分。聘任合同的内容，是指劳动合同需要约定的事项。其作用主要是确立用人单位与劳动者在劳动过程中的权利义务关系。然而，在实际操作过程中，聘任合同的内容往往订得比较简单、含糊，对双方的权利与义务规定得不够明确，并且不对等。现实中，有相当一部分聘任合同被异化为教师单方面的责任状——对教师的义务定得具体而详细，而对教师应享有的工作报酬、保险福利、培训进修、工作条件等权利，则含糊其辞，一笔带过。聘任合同成了只有利于学校一方的单方面的合同，明显违背了当事双方平等互利的原则。[②]

最后，教师聘任合同的制定过程缺乏法定程序的规范。从法理上来说，合同的制定需要经过严格的法定程序，并符合法定的合同生效标准，但我国许多地方的教师聘任合同是由学校或上级教育行政部门单方面制定的，合同的另一方——教师没有参与合同的制定，也就是说教师对聘任合同中双方的权利义务没有发言权。可见，这样的合同又怎么能切实地保护教师的合法权益呢，又如何体现教师聘任合同的"契约精神"呢？

---

① 陈鹏、祁占勇：《教育法学的理论与实践》，中国社会科学出版社 2006 年版，第 337—338 页。

② 邹琪：《由中小学教师聘任合同引发的思考》，《中小学管理》2004 年第 4 期。

三　教师聘任制实施过程中缺乏法定程序的规范

基于教师与学校、教育行政部门之间的法律关系不可能是平等的，其权利义务也不可能是对等的，因此教师聘任制实施过程中对于法律程序的要求就特别高。"法律程序是指人们进行法律行为所必须遵循或履行的法定时间与空间上的步骤和形式，是实现实体权利和义务的合法方式和必要条件。"① 法律程序是人们实现权利与履行义务的有效保障，法律行为只有在法律程序的约束和指导下才是合法的、有效的。教师聘任制是学校与教师双方的法律行为，因此，聘任双方的法律行为必须受到相关程序法的约束，任何一方违反法律程序不仅行为无效，而且同样也是违法行为。作为弱势一方的教师理应享有"程序上的利益"，以对抗学校或教育行政部门不符合规范的行为。目前，中小学教师聘任及解聘的法定程序引起了教育领域研究者的充分关注，对学校聘任或解聘教师的"程序正义"的追问也成为教育法学理论研究者亟须研究的重要课题。

实践中，教师聘任制实施过程中法定程序的缺失，突出地体现在教师解聘过程中。现阶段，在教师聘任制条件下，我国中小学在一定程度上享有解聘教师的权力，但是，在解聘教师的过程中，学校却没有能够参照的法定程序，随意性较大。"对于学校在行使解聘权的过程中应当履行的程序性义务，如对违反聘任合同教师的预先告诫义务、解聘教师前的告知与说明理由义务、应教师的合理要求组织听证的义务等，往往没有通过学校规章制度予以设定并力求切实遵行，导致实践中因校方解聘权的违法或不当行使而侵犯教师合法权益的现象时有发生。"②

西方法谚有言："正义不仅应得到实现，而且要以人们看得见的方式加以实现。"程序正义是西方重要的法律理念。而我国由于受历史原因，往往更加看重实体正义而忽视了程序正义的重要性。这导致我们在推行教师聘任制的过程中，没有从制度设计上完善教师聘任制从招聘到解聘这一系列过程中的各项程序，以至于实践中各个地区、各个学校在实行教师招聘过程中没有法定程序可以参照，各种聘任程序也五花八门、主观随意性很大。教师聘任制的公正性及教师合法权利都得不到充分的法律保障。

---

① 张文显：《法理学》，法律出版社1997年版，第386页。
② 尹晓敏：《教师聘任制施行的程序规范论》，《现代教育论丛》2006年第6期。

四　教师聘任过程的纠纷解决机制与法律救济途径不健全

"现代的原则一般是：'有权利就有救济方法'，如果存在一种权利，那么，法律就要为这种权利的被侵犯而找到一种救济办法。""所谓法律上的救济，是指国家机关通过一定的程序和途径裁决社会生活中的纠纷，从而使权益受到损害的相对一方获得法律上的补救。"① 从法学理论来看，我国公民或组织之间发生权利纠纷，合法权利受到侵犯时，通常来说有两种方式能够使纠纷获得解决，公民的合法权利也能获得救济：一是诉讼救济方式，也就是通过诉讼的方式保护合法权利，诉讼又可分为民事诉讼和行政诉讼，两者以法律关系性质的不同而不同；二是非诉讼救济方式，在国外被称为替代性纠纷解决方式（Alternative Dispute Resolution，ADR），比如争议双方达成和解、在第三方的居间调解下，达成调解协议、民事或劳动仲裁等。

我国《教师法》对教师合法权利受到侵害时的法律救济也作出了规定，其第 39 条规定："教师对学校或者其他教育机构侵犯其合法权益的，或者对学校或者其他教育机构作出的处理决定不服的，可以向教育行政部门提出申诉，教育行政部门应当在接到申诉的三十天内，作出处理。"可见，我国中小学教师在与学校或其他机构存在纠纷的时候，可以通过"行政申诉"的方式，主张自己的合法权利。当然，教师作为普通公民，也享有诉讼权利，可以通过提出诉讼的方式维护自己的合法权利。但是，在中小学教师任用制度，从任命制向聘任制转型的过程中，教师聘任过程中出现的争议的解决方式十分复杂，实践中也出现了不同的处理方式。当前，行政申诉、行政复议、仲裁和诉讼等这些纠纷解决和权利救济方式，在实践中却出现许多问题和矛盾。

首先，我国教师申诉制度本身不健全，难以提供有效的权利救济。教育申诉制度具体如何进行，其具体程序缺乏法律的规定。《教师法》仅仅是对受理机关、受案范围作了原则性的规定，目前为止，全国人民代表大会、国务院或教育部并没有出台统一的法律法规或规章，来明确教师申诉处理的具体程序。其次，教师申诉制度与行政复议、行政诉讼和仲裁之间的关系还未理清。"行政复议和行政诉讼，到底是行政申诉的并行救济途

---

① 陈韶峰：《中小学教师的任用及其纠纷的处理》，教育科学出版社 2009 年版，第 209 页。

径，还是后续救济途径？如果是并行救济途径，则教师提出行政申诉的同时，也可以直接申请复议或提起行政诉讼；如果是后续救济途径，则教师申请复议或提起诉讼针对的是申诉受理机关的行政不作为或申诉处理决定。"① 这有待法律的进一步明确。最后，教师聘任纠纷中的"诉讼"救济途径，是行政诉讼还是民事诉讼，这一点，在具体实践中也是各有不同，有待法律进一步明确规定。

在教师聘任制的实施过程中，中小学教师难免与学校、教育行政部门出现各式各样的纠纷，出现纠纷并不难办，关键是要有畅通的、合理的、明确的纠纷解决的渠道和机制。有学者就指出，"中小学教师的任用纠纷缺乏合理有效的处理机制，一直是一个突出的问题。……对于公办中小学教师的聘任合同的争议，目前虽有国家人事部、教育部的规范性文件以及最高人民法院的司法解释确定了人事争议仲裁和民事诉讼的救济途径，但未有法律的明确规定，且此种救济途径的安排是否合理尚值得商榷。"②

第三节　美国和日本实施中小学教师聘任制的先进经验

正所谓"他山之石，可以攻玉"，我们应该拥有全球化的视野，将目光投到国外，了解并学习其他国家和地区在进行中小学教师聘任制改革过程中遇到的问题及其应对措施，从而避免教师聘任制改革过程中走过多的弯路。因此，本书对部分国家或地区的中小学教师聘任制的实践做一简单考察，以助益我国教师聘任制改革的实践。基于大陆法系与英美法系的分野，本文选择了美国与日本作为各自的代表，分别进行阐释。

一　美国的中小学教师聘任制度

1. 美国中小学教师的法律身份：公务雇员

在美国、加拿大、澳大利亚等英美法系国家，一般都将中小学教师定位为公务雇员（public employee），中小学教师并非由学校聘任，而是由美国特有的学区（school district）的教育委员会（education board）任用，

---

① 陈韶峰：《中小学教师的任用及其纠纷的处理》，教育科学出版社 2009 年版，第 261 页。
② 同上书，第 4—5 页。

并与之签订雇佣合同。简言之，在美国，中小学教师的法律身份是：学区教育委员会聘用的公务雇员。

美国中小学教师的"公务雇员"身份使得其兼具公务员与雇员的特点，和一般的公务员和雇员不同。一方面，公务雇员身份与普通的企业雇员是不同的。聘用教师一方是享有教育行政管理权的学区教育委员会，其法律身份有别于一般的民事主体。"学区委员会和中小学教师之间的聘用合同关系，不适用公务员法和一般劳工法。……学区委员会对所聘教师有职务岗位的调配权，解聘教师须举行听证，遵循正当程序原则，聘用合同的履行产生纠纷可通过申诉获得行政救济。"① 从中我们可以发现，美国教师的公务雇员身份不同于一般的劳动者，其与学校的聘任合同也不同于一般的劳动合同，更大程度上是一种公法合同。另一方面，公务雇员身份也有别于一般的政府公务员，作为雇员，教师与政府（学区教育委员会）必须在平等协商的基础上，签订聘任合同。而且，"教师与政府构成的是一种基于平等自愿而建立的雇佣合同关系，这种关系意味着合同的双方可以就某些内容进行平等协商，通过谈判达成共识并写入合同之中。"② 例如，美国广泛存在的"集体协商制度"就是一个典型例子。此外，作为专业人员的教师，其公务雇员的身份并没有降低其教育教学专业自主权，学校或政府不能随意对其教学行为进行干涉。

2. 美国中小学教师聘任合同的类型

根据聘期的不同，美国中小学教师聘任合同大致可以分为三种类型，即试用合同（probationary contract）、定期合同（term contract）和终身制合同（tenure contract）；不同的聘任合同，教师的身份也有所区分，比如试用期受雇人（probationary employee）或终身受雇人（permanent employee）。试用合同是第一次进入教师行业、从事教育工作必须签订的合同类型，合同的期限不得超过一年，试用合同到期之后有两种选择，一是签订定期合同或终身制合同；二是不再聘任其为教师，也就是解聘。"在试用期内，学区如认为有关教师未能达到其任职要求，可以随时解除合同，经

---

① 陈韶峰：《中小学教师的任用及其纠纷的处理》，教育科学出版社 2009 年版，第 59—60 页。

② 劳凯声、蔡金花：《教师法律地位的历史沿革及改革走向》，《中国教育学刊》2009 年第9 期。

学区委员会同意，试用期内的教师也可以随时辞去教职。"① 可见，试用合同期限内，教师与学区都享有比较大的自由权，程序性的规定比较少。定期合同，顾名思义，就是有固定期限的教师聘任合同。对于定期合同，教师享有比较大的程序性的利益。例如，在定期合同期限届满之后，学区教育委员会如果决定不续聘教师，教师有权要求学区教育委员会举行听证，不服其决定的，还可以向州一级的教育行政部门提起申诉。终身制合同，又可称为"连续合同"，其最大的特点是，合同无固定的期限，"签订连续合同的教师有权在以后的学年中持续保持其教师职位而不必每年接受分派，除非此人辞职、退休或被学区以正当理由解聘及被裁员"②。至于其他相关的解聘、裁员和辞职等规定，与定期合同的规定类似。

此外，根据教师聘任合同的主体不同，美国中小学教师聘任合同还可分为集体合同与个人合同。前者是指由教师组织（美国的教师工会）与地方学区的教育委员会签订的合同，它一般是提出教师个人聘任合同的基本要求、一般条件和原则，如薪资待遇、课堂规模等；后者是指教师个人与学区签订的聘任合同，它可以加入教师的一些个性化的要求。集体合同制度的存在主要是为了维护教师的集体利益和合法权益，毕竟相对于学区教育委员会，单个教师的力量还是很有限的。

3. 美国教师聘任过程中的相关程序性规定

在美国等英美法系国家，"程序正义"的观念深入人心，这也体现在教师聘任制的具体架构设计上。从招聘到解聘，美国联邦和州立法机构均出台了大量的程序性的规定，来规范学区教育委员会、学校和教师的行为。

在美国，招聘教师的具体过程，则由学区主任及其中心办公室负责。在美国，教师聘任一般有四道程序③。首先，发布招聘信息。根据当前及长远对教师的需求，由学区人事关系部主任在报纸和杂志上公开刊登招聘广告。其次，应聘者递交材料。应聘者须向学区递交申请表及相关的书面材料，主要包括毕业证、教师许可证、测试成绩单、健康证明及推荐信等。再次，相关机构进行考核。申请当教师的人员经过选拔委员会的考

---

① 陈韶峰：《中小学教师的任用及其纠纷的处理》，教育科学出版社2009年版，第144页。

② 同上书，第145页。

③ 丁文珍：《美国教师聘任状况研究》，《外国教育研究》2002年第9期。

核，通过提问、交谈、笔试等方式全面考察申请人的教育观念、知识水平、性格特点、交往及团队协作能力等，考核合格后由选拔委员会向学区教育委员会或学校董事会推荐，并由学区教育委员会或学校董事会决定聘任。最后，签订教师聘任合同。用人学校与应聘者签订用工合同，规定双方的权利和义务、职责和待遇等相关条文，以规范双方的管理行为。具体流程如图 6 – 1 所示①。

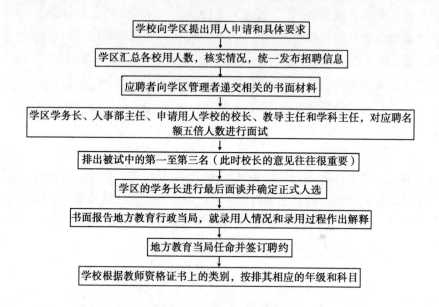

学校向学区提出用人申请和具体要求

学区汇总各校用人数，核实情况，统一发布招聘信息

应聘者向学区管理者递交相关的书面材料

学区学务长、人事部主任、申请用人学校的校长、教导主任和学科主任，对应聘名额五倍人数进行面试

排出被试中的第一至第三名（此时校长的意见往往很重要）

学区的学务长进行最后面谈并确定正式人选

书面报告地方教育行政当局，就录用人情况和录用过程作出解释

地方教育当局任命并签订聘约

学校根据教师资格证书上的类别，按排其相应的年级和科目

图 6 – 1　招聘教师的流程

在教师聘任合同的协商、签订过程中，美国教师聘任合同的"集体协商制度"是至关重要的。所谓集体协商，是指"雇主与受雇者的代表在互信的气氛下，协商工作的环境与双方的权利义务，其所产生的协议，即为然后签订契约的依据"②。对于集体协商的内容和范围，各个州和学区各不相同，大概包括几个部分：班级大小、工资负担、金钱福利、学术自由、专业成长及一些程序性的规定，如解聘须遵循的程序等。

教师解聘或不续聘程序是教师聘任过程中最为重要的程序性规定，因为其与教师的利益直接相关。根据美国宪法第十四条修正案关于"正当

---

① 刘晓燕：《中小学教师聘任制研究》，硕士学位论文，上海师范大学，2004 年。

② 秦梦群：《美国教育法与判例》，北京大学出版社 2006 年版，第 158 页。

法律程序"的规定，"任何州，如未经正当法律程序，不得剥夺任何人的生命、自由或财产"，各学区教育委员会解聘每一位教师，也应该按照法定程序进行。但是，对于教师的解聘究竟应该适用何种程序才符合"程序正义"的原则，至今仍然没有定论。中国台湾地区学者秦梦群总结了9个要件（Dusanek v. hannon，1982）：① 及时发出对教师控诉的通知；给予教师听证的机会；给予充足的时间以让教师准备反驳；教师有权得知控诉其的证据事实与证人的行为；教师有权聘请法律代表为其辩护；教师有权提出有利于其一方的证据和证人；双方均得交互质询对方的证人；教师有权要求听证过程与决定的记录；对于不利己的决定，双方均有权向法院提起诉讼。当然在此基础上，各州和地方学区均可自定法律和政策，以补其不足。

4. 美国中小学教师合法权利救济的方式或途径

如前所述，美国中小学教师聘任实施过程中，学区教育委员会的权力是很大的，尽管教师通过"集体协商制度"在一定程度上能够保护自身的利益和权利，但是其合法权益仍然可能受到学区或学校的侵犯。这就需要制定教师权利救济的方式或途径，解决教师与学区或学校之间有关教师聘任的纠纷。一般来说，可通过以下三种途径进行②：一是经由工会或教育团体，直接与学校当局（如校长），或是教育委员会交涉。必要时不排除罢工手段。二是在学校处理教师事件时，要求"正当程序"的执行，以确保充分答辩与维护自身利益的权利，甚至可以要求第三者的仲裁。三是如果学校与教育委员会所做的处置令教师不满，可再上诉法院，经由司法程序加以判决。

二　日本的中小学教师聘任制度

1. 日本中小学教师的法律身份：教育公务员

日本、德国、法国等大陆法系国家，一般都把教师定位为公务员或教育公务员。根据日本《教育公务员特例法》的规定，国立学校的校长、教员及部、局长为国家公务员，公立学校的校长、教员及部局长、教育长和专门性教育职员具有地方公务员身份，其身份受到国家公务员法和地方

---

① 秦梦群：《美国教育法与判例》，北京大学出版社2006年版，第163页。

② 同上书，第178页。

公务员法的约束和保障。日本将中小学教师界定为"教育公务员",其根本原因在于中小学教师工作的"公务性质","现代国家把普及义务教育视为国家的事业和把对义务教育的管理当作政府行为,从而用国税收入支付教育公务员——教师的工资,由他们执掌这一国家事业和完成这一政府行为。"① 作为教育公务员,日本的中小学教师的录用、工资待遇、惩戒、权利救济等事项均依照公务员法的规定进行处理,同时,鉴于教师工作的专业性,其与一般普通公务员并不一致,日本出台了《教育公务员特例法》作为一般公务员法的补充。

作为教育公务员的中小学教师,其任免和职位调整属于教育委员会的权力,学校没有独立聘任或解聘教师的权限。此外,由于公务员的法律身份,其在工资福利待遇、义务和责任承担、权利救济等方面均与一般的企业劳动者不相。一方面,教育公务员的这种特殊地位"主要是以一系列具体的权利为基础的,这些权利往往与其职业保障、医疗和退休待遇密切相关。具有公务员身份的教师,往往具有相当高的职业保障,非因法定事由不受免职或者惩罚。教师一旦失去工作岗位,政府也有责任为其提供新的工作岗位。此外,具有公务员身份的教师还享有较高水平的医疗保障和退休金"②。例如,日本《国家公务员法》第75条,《地方公务员法》第27条等规定"行政机关非有法定事由,不得违背公务员的意愿,对其强行降职、休职、免职、降薪以及给予惩戒处分。"另一方面,基于教育公益性,教育公务员也必须承担更多的义务和责任,其公民权利也会因为教育行为的公务性而受到限制,比如日本的教育公务员就不能像美国教育雇员一样,享有罢教权、游行示威等权利。

2. 中小学教师聘任的具体过程

日本中小学教师聘任的相关过程已经制度化、法制化,主要由《国家公务员法》《地方公务员法》《教育公务员条例》等法律法规规定。尽管日本中小学教师的法律身份是教育公务员,但是其聘任和解聘等也要遵循相应的程序,符合法定的任职条件,才可上任,其聘任的具体过程大致

---

① 成有信:《教师职业的公务员性质与当前我国师范院校的公费干部学校特征》,《教育研究》1997年第12期。

② 劳凯声、蔡金花:《教师法律地位的历史沿革及改革走向》,《中国教育学刊》2009年第9期。

如下①："新录用的职员，要举行公开的竞争性考试，职员升迁则进行选拔性考试。其考试包括笔试和面试，各道府县教育委员会根据参加者的人品、学历、业务能力、身体健康状况以及本地区教师空缺情况，从持有教师许可证当中选用一定的名额的教师。参加考试的候选者根据考试结果，分别参加由市町村教育委员会和学校校长的面试，通过考核后被都道府县教育委员会任命为正式的教师。"从中我们可以发现，在教师聘任过程中，中小学教师的任命权主要掌握在都道府县教育委员会手中，教师也是受雇于都道府县教育委员会，成为该机构管理的教育公务员。

第四节　完善教育法律法规，保障中小学教师聘任制的有效实施

通过对美国与日本中小学教师聘任制的考察，我们可以发现，在世界范围内，教师聘任已经成为选拔并任用教师的主要方式。相对于教师任用制或派任制，教师聘任制的特点在于，教师与学校、教育行政部门自由协商各自的权利义务，学校享有招聘教师的一定自主权。在我国推行教师聘任制对于我国教师队伍的建设具有重要作用，"实行教师聘任制，有利于教师队伍的公平竞争、优胜劣汰，从而产生教师职业的责任感和紧迫感，从根本上杜绝'平均主义'和'铁饭碗'等现象，大大激发教师的工作积极性"②。然而，如前所述，实践中教师聘任制却遇到诸多问题，其真正落实一直是我国教育改革的一大难题，因为教师聘任制是一个庞大的系统工程，它既与社会的政治、经济和文化因素密切相关，也与教育内部的一些实施理念存在重大的认识失误有联系。本书从教育法学的视角，深入分析了我国教师聘任制度存在的理论缺陷和实践难题，比如中小学教师法律身份的不明晰、教师聘任合同的不规范、法定程序的缺失、纠纷解决机制的不完善等，只有逐个解决上述问题，教师聘任制才有可能落于实处。

一　明确教师的法律身份，赋予教师公务员法律地位

中小学教师法律身份是教师聘任制改革，甚至是教育体制改革的基础

---

①　陈韶峰：《中小学教师的任用及其纠纷的处理》，教育科学出版社 2009 年版，第 161 页。

②　黄葳主编：《教育法学》，高等教育出版社 2007 年版，第 200 页。

性问题。"义务教育学校教师的法律地位问题不仅在教育系统，而且在全社会都是一个根本性的、可能会产生连锁反应的大问题，因此如何定性并建立相应的制度对义务教育学校教师队伍建设将产生深远的影响。"① 然而现实情况是，我国目前的法律规定对于教师法律身份的规定却不甚明晰。尽管我国《教师法》第 3 条规定 "教师是履行教育教学职责的专业人员"，但这只是从职业性质方面来讲的，从我国中小学教师人事制度改革的政策来看，一直是将教师定位为教育机构聘任的专业技术人员，并将其纳入 "事业单位聘用人员" 范围内予以规范，而 "事业单位聘用人员" 的法律身份是计划经济体制的遗留物，作为事业单位聘用人员的中小学教师，其与普通的劳动者是否有所区别，与公务员身份又有何不同？这些问题都亟待解决。例如，法律规定了教师的专业人员身份，却忽视了教师职业的特殊性；教师职业实际上具有公务性质，法律的规定却是非公务员性。

相关法律规定的缺陷引发了教育学界和法学界研究者的充分关注和热烈讨论。目前，世界范围内对于中小学教师法律身份的规定，大致可以分为三种类型。一是公务员。德国、法国、日本等大陆法系国家，一般都把中小学教师定位为公务员或者教育公务员。二是公务雇员。英国、美国、加拿大、澳大利亚等英美法系国家一般都把中小学教师定位为公务雇员。三是雇员。新西兰等少数国家把中小学教师定位为雇员。教师由校长聘任，但由政府支付工资。而我国教育法学理论界，对于教师法律身份的性质的观点，也大致可以分为两种。一是基于教师职业的公务性，赋予教师公务员地位或教育公务员，如劳凯声教授就认为，"为了体现义务教育学校教师职业的公务性质，应将其身份规定为公务员、准公务员或公职人员。如果近期内还难以把教师直接纳入公务员队伍或建立独立的教育公务员制度，教育政策和立法仍应积极推动确立教师的国家工作人员身份，而不应将教师定位为普通劳动者或自由职业者。"② 二是认为教师并不属于公务员，与普通雇员一样，仅仅是专业人员。这主要是基于《教师法》中对 "教师聘任制" 的规定而得出的。

① 劳凯声、蔡金花：《教师法律地位的历史沿革及改革走向》，《中国教育学刊》2009 年第 9 期。

② 劳凯声：《在义务教育阶段建立教育公务员制度的思考》，《中国教育报》2009 年 2 月 12 日第 1 版。

本书比较赞同劳凯声教授的观点，法律应该明确赋予中小学教师公务员的法律身份，将其纳入公务员管理领域。之所以持这样的观点，主要基于三点考虑。一是中小学教师职业的公共性。"教师职业的公共性是指教师职业涉及社会公众、公共经费、社会资源，其职业会影响社会公共利益，同时教师的职业劳动的结果具有社会成员共同消费、利用的可能性。"① 中小学教师的教育教学行为与普通的劳动者的工作性质并不相同，其工资是由国家财政支付的，其任用主体是公立学校或教育行政部门等国家公权力机构。因此，为了维护教育公共利益，应该赋予教师公务员的法律身份。二是我国长期以来以事业单位管理模式来对教师进行管理的传统。事业单位是我国独有的组织和管理模式，我国现行法律体系中，对事业单位（公立学校）及其人员（如教师）的管理依然是参照公务员制度来进行的。从我国现有教育法的规定来看，教师虽然不是公务员，但现有的教师管理制度基本上是参照公务员制度。因此，将教师纳入公务员队伍，更符合我国的传统和历史情况。三是公务员的法律身份，能够更好地保护中小学教师的合法权益。典型的是教师的工资待遇问题，《教师法》第25条规定："教师的平均工资水平不应当低于或者高于国家公务员的平均工资水平。"但是，实际情况是，长期以来，教师的工资低于公务员，甚至会被拖欠，更不用说公务员享有的其他福利待遇了。此外，在明确中小学教师公务员的法律身份之基础上，我们仍需进一步理顺教师与学校、政府的法律关系。

二 明确教师聘任合同的行政合同属性，并提升其规范程度

如前所述，关于教师聘任合同是普通的民事合同、劳动合同还是公法意义上的行政合同，这一问题在我国现有教育法律法规中并没有明确的规定，引起了理论和实践中的纷争。教师聘任合同是聘任制实施的核心和关键部分，但是长期以来，教师聘任合同的法律地位却悬而未决，其应该适用哪部法律也不明晰，以至于其无法发挥应有的效果。2008年实施的《劳动合同法》第96条规定："事业单位与实行聘用制的工作人员订立、履行、变更、解除或者终止劳动合同，法律、行政法规或者国务院另有规定的，依照其规定；未作规定的，依照本法有关规定执行。"从这条规定

---

① 余雅风主编：《新编教育法》，华东师范大学出版社2008年版，第134页。

来看，现阶段教师聘任合同的法律依据暂时是《劳动合同法》，也就是说，目前我国法律将教师聘任合同视为与一般劳动合同一样。这种做法受到了部分教育学理论研究者的质疑。"由于公立学校教师的地位不同于民办学校教师或其他企业职工，并不适宜作为劳动法的调整对象，因此长远来看，国家进行教师聘任的立法任务仍很迫切。"[①] 目前，教师聘任合同的法律属性是私法还是公法，应该用什么法律来规范，还没有定论，教育法学理论界主要有三种不同的见解：一是认为教师聘任合同纯粹是私法上的合同，应有《合同法》来规约，其根据是《教师法》对于聘任合同"平等协商，自愿缔结"的规定；二是主张教师聘任合同属于劳动合同，应该由我国《劳动法》和《劳动合同法》来规范，并没有特殊性；三是基于教师的公务员或类似公务员的法律身份，主张教师聘任合同应该是公法上的行政合同，教师的聘任关系应该由行政法律来规范。

对于上述三种不同的见解，本书主张，中小学教师聘任合同应该属于行政合同，教师与学校或教育行政部门，也就是合同双方是处于行政法律关系之中的，教师聘任合同应该由行政法律进行规范。首先，教师聘任合同双方的法律地位是特殊的。如前所述，本书认为，中小学教师应具有公务员的法律身份，同时，学校或教育行政部门属于掌握公权力的政府机构，两者与普通的民事主体迥异，他们之间订立的合同也很难归入民事合同范畴。此外，聘任合同双方的法律地位实际上是不平等的，也不可能平等。学校或教育行政部门作为管理教育事务的公共机构，其对教师享有行政上的管理权和支配权，而民事合同或普通的劳动合同要求合同双方在法律上的平等地位，其以私法自治为原则。最后，教师聘任合同的根本目的在于实现教育公共利益，具有行政管理的功能，"教师聘任合同是学校或教育行政部门干预教师教育教学行为的一种方式，介入的目的是要保证实现国家、社会预期的教育目标"[②]。教师聘任合同并不是一般的合同，它更是国家对教师进行管理的一种新型的手段和方式，普通的民事合同或劳动合同无法与之比肩。行政合同又称为行政契约，指行政机关为达到维护与增进公共利益，实现行政管理目标之目的，与相对人之间经过协商一致

---

① 申素平：《教育法学：原理、规范与应用》，教育科学出版社 2009 年版，第 215—216 页。

② 余雅风：《探索权力与契约的最佳契合》，劳凯声主编《中国教育法制评论（第 8 辑）》，第 182—192 页。

达成的协议。将教师聘任合同定位为行政合同，一方面，行政合同的"行政性""权力性"可以维护教育公共利益，防止教师聘任合同的随意性；另一方面，其契约精神也可以保护教师的合法权益不受学校或政府等强势机构的侵害。

此外，我国中小学教师聘任合同的规范性程度较低，随意性较大也妨碍了教师聘任制的真正落实。因此，我们必须努力提高教师聘任合同的规范性程度。我们还可以适当引入"法律审查"制度，由相关机构对教师聘任合同内容的合法性进行审查，防止聘任合同出现违法的条款，从而导致教师聘任合同的自始无效。

三　完善教师聘任制的相关程序性规定，保证教师聘任制的有序实施

程序正义是实现实体正义的必备条件。目前，我国《教师法》《教育法》以及其他相关法律法规，对于教师聘任制如何具体实施均缺乏相应的程序性规定，导致中小学教师在聘任过程中无法获得法定程序的保护。正如前文所述，美国教师聘任制已经相当成熟，其主要标志就是教师聘任制的相关程序的完善，特别是对于教师解聘程序的详细规定。这些都值得我国在今后的教育立法工作中大力借鉴。本书认为，教师聘任程序主要集中在两个方面，一是教师招聘过程；二是解聘教师或不续聘教师。其中尤以后者与教师利益最为相关。

教师招聘过程，实际上就是教师聘任合同的签订过程，也就是教师与学校或教育行政部门对双方的权利义务，意思表示一致，达成合意的过程。完善教师招聘过程的程序性规定主要是为了保证教师招聘的公开、公正和公平，确保能够甄选出有效的教师候选人。至于教师解聘或不续聘，目前，我国的教育法律中，无论是《教育法》，还是《教师法》都没有规定相关的具体程序，导致在现实中有的老师被解聘了还不知道是怎么回事。也因为没有规定具体程序，所以在解聘教师时，很容易出现侵犯教师权益的事情发生。有研究者就指出，解聘教师的正当程序至少应该包括：告知制度说明理由制度、听证制度。[①] 当然，教师解聘或不续聘究竟要遵循哪些程序性规定，仍然有待我们进一步的深入研究，总结出符合我国教师聘任实践的合理做法。

---

① 　万金店：《中美教师解聘制度比较研究》，《国际关系学院学报》2009 年第 5 期。

四　建立健全教师聘任纠纷解决机制，实现教师权利救济途径的多元化

教师聘任纠纷解决机制是教师聘任制能够顺利实施的配套制度，如果没有纠纷解决机制，那么教师与学校、教育行政部门的权利义务关系就无法最终确认，教师的合法权利被侵犯后，也无法获得补偿或赔偿。教师聘任纠纷的解决机制与教师权利的救济途径，其很大程度上与中小学教师的法律身份、教师与学校或政府的法律关系及教师聘任合同的法律属性相关。正如前述，本书主张教师的公务员法律地位，同时认为教师聘任合同属于公法上的行政合同。据此，本书认为，应该从三个方面来完善教师聘任纠纷解决机制。

首先，要完善教师申诉制度。尽管其存在一些理论上和实践上的问题，依据《教师法》的规定，教师申诉制度仍然是目前我国法律体系中解决教师聘任纠纷、维护教师合法权益的主要方式。然而，由于《教师法》对教育申诉制度的规定过于原则、没有细化具体的内容，导致实践中，教师申诉制度无法发挥应有的作用。有学者就建议，我国教师申诉制度可以"建立校内申诉制度，设立校内教师申诉委员会，可依托校内有关部门，如教师工会"；同时，建立"公布制度、说明理由制度、告知制度、案卷制度、听证制度、调查制度、回避制度、合议制度、责任制度"，此外必须"修改有关教师申诉的条例，加强教师申诉制度的程序性内容"①。

其次，完善教育仲裁制度，推进教师人事争议仲裁的有效实行。人事部、教育部《关于深化中小学人事制度改革的实施意见》明确规定：教职工与学校在履行聘用（聘任）合同时发生争议的，当事人可以向当地人事争议仲裁委员会申请仲裁。可见，人事争议仲裁是解决教师聘任纠纷解决的重要方式之一。但是，我国也有学者主张，基于教育教学工作的特殊性，应该专门设立教育仲裁机构，专门处理教师聘任有关的纠纷。设立专门的教育仲裁庭，当然是最好的选择，但是其改革力度很大，机构设置的成本也很高，短期内无法真正推行。因此，"为使人事争议仲裁能合理考虑教师专业性问题，在为审理中小学教师聘任纠纷而组成仲裁庭时，可

---

① 鱼霞、申素平等：《教师申诉制度研究》，《教师教育研究》2005 年第 3 期。

以规定仲裁员中至少有一名来自教育领域的专业人员。"①

最后，明确教师聘任纠纷的诉讼解决途径是"行政诉讼"而非"民事诉讼"。当前实践中，教师聘任纠纷的诉讼解决途径既有行政诉讼的方式，也有民事诉讼的方式，比较混乱，需要厘清。鉴于前述，本书认为教师的法律身份应该是公务员，而且教师聘任合同应该属于行政合同，因此，公办中小学教师的聘任纠纷案件应该按照行政诉讼的程序审理。

五　完善教育立法，出台专门规范教师聘任制的法律法规

在 1993 年颁布的《教师法》中对教师聘任制进行了原则性的规定，并没有详细的内容，同时将制定教师聘任制的步骤、办法的权力授权给国务院及其教育行政部门，但是，时隔 20 年，教师聘任制的具体实施办法还没推出。我国仍然没有教师聘任的专门立法。这给我国教师聘任制的实践工作带来了很大的麻烦和障碍，"学校虽然与教师签订聘任合同，但做法上各行其是，很多流于形式，有些情况下学校无法解聘不胜任的教师，有些情况下学校又可以任意解除教师聘任合同，造成现实的诸多纷扰。"②可见，完善教育立法对于教师聘任制的重要性。

首先，应该尽快出台专门规范教师聘任制的法律法规。我国教师法、教育法对于教师聘任制的规定过于原则、抽象，而行政法规或相关教育政策的出台又明显滞后，这使得教师聘任制在实施过程中陷入无法可依的局面，出现"一校一规"的尴尬状况。因此，笔者认为，国务院及其教育行政部门应该尽快根据《教师法》《教育法》等法律，制定我国教师聘任制的具体实施办法，特别是程序性规定，以规范教师聘任制实施过程中出现的乱象。

其次，对教育法中的相关法律条款进行修改，明确教师的法律身份、教师聘任合同的法律属性及教师与学校、政府的法律关系等，从而实现教师聘任制的制度化、法治化。中小学教师法律身份的不明晰、聘任合同法律属性的不明确等问题一直以来备受争议，如果这几个法律问题不能得到妥善的解决，教师聘任制在实践中仍然会遇到困难，难以推行。本书提出了教师法律身份、教师聘任合同、教师聘任纠纷解决机制及教师聘任的相

---

① 陈韶峰：《中小学教师的任用及其纠纷的处理》，教育科学出版社 2009 年版，第 321 页。

② 申素平：《教育法学：原理、规范与应用》，教育科学出版社 2009 年版，第 215 页。

关程序性规定等完善教师聘任制的具体办法，但是只有将这些对策建议真正纳入教育法律法规当中，使其具有法律的公权力并固定化，才有可能在实践中发挥作用。当然，教育立法工作是纷繁复杂的，完善教育立法的过程需要理论研究与实践相结合，才能制定出"良法"，也才能真正发挥教师聘任制对我国教师人事制度改革的作用。

第七章

中小学教师惩戒权研究

在世界范围内，中小学教师惩戒权是学校教育领域内一个颇有争议的问题，同时也是一个不容回避的问题。我国颁布的诸多教育法律法规中都明确规定禁止体罚、变相体罚学生，如我国《义务教育法》第 29 条规定："教师应当尊重学生的人格，不得歧视学生，不得对学生实施体罚、变相体罚或者其他侮辱人格尊严的行为，不得侵犯学生合法权益。"但是，现行教育法律体系中却没有对惩戒权作规定——既没有禁止，也没有允许，更谈不上规范和控制。教育法律的缺失直接导致中小学教师惩戒权在实践中遭遇两难困境。一方面，由于法律没有明确的规定，教师惩戒权的合法性面临社会，特别是学生及其家长的广泛质疑，教师惩戒权的缺失使得教育教学活动难以为继，因为"考虑到今日学校规模和世界范围内的学生向权威挑战这种日益增长的趋势，一概废除惩戒也是不现实的"①。另一方面，相关法律没有对教师行使惩戒权的条件、原则、方式和程序等作出规定，造成实践中教师惩戒学生随意性较大，侵犯学生权益的事例时有发生。本书认为，为了保障教师惩戒权的合法合理的行使，发挥教育惩戒的积极功能，同时维护中小学生的合法权利，必须给公立中小教师的惩戒权立法，用法律来有效地规制它的运行，最终实现教师惩戒权与学生权力之间的平衡。

---

① 中央教育科学研究所比较教育研究室编译：《简明国际教育百科全书》，教育科学出版社 1995 年版，第 430 页。

第一节 "惩戒"与"教师惩戒权"的概念辨析

一 惩戒与惩罚、体罚或变相体罚

在日常生活中，我们经常运用"惩戒"一词，但是，在现有的教育法律法规条文中，我们并没有见到"惩戒"这一概念，更多的是"制裁""体罚"等，因此，对于"惩戒"一词的权威解释，很难从法律条文中找到依据，现实中对"惩戒"一词的解释也可谓众说纷纭。《新华词典》（1988 年版）认为惩戒即"通过惩罚使人警戒"，而《辞海》（1980 年版）则认为惩戒是"惩治过去，警戒未来"。从这两个定义来看，我们可以总结出，"惩戒"这一概念由两部分组成：一是"惩"，二是"戒"，"惩即惩处、惩罚，是其手段；戒即戒除、防止，是其目的。在教师的惩戒活动中，手段和目的——惩和戒，是紧密地结合在一起的。"① 结合劳凯声教授等人对"惩戒"的定义和解析，我们可以给教育领域中的"惩戒"概念下一个初步的定义：教师等相关惩戒主体，通过对学生的失范、违规行为进行否定性的制裁，从而避免其再次发生，同时促进学生合范行为的产生和巩固。可见，学生的发展和进步是教师惩戒的根本出发点和最终目标。

此外，单单从"惩戒"本身来理解"惩戒"概念显然是不够的，现代汉语中的歧义、同义等词汇众多，容易引发混淆，因此我们还必须把与"惩戒"相近或相似的概念加以区分，这对于真正理解"惩戒"的内涵和外延是十分重要的。

1. "惩戒"与"惩罚"

惩罚在《汉语大辞典》中被解释为"处罚"，而在《教育大辞典》中对惩罚解释是：第一，惩罚是"对个体或集体不良行为给予否定或批评处分，旨在制止某种行为的发生，有利于学生分辨是非善恶，削弱受罚行为动机，达到改正目的，也利于校纪校规"。第二，惩罚是"为减少某种行为重现的概率而在此行为后伴随的不愉快事件，是与奖励相对的心理

---

① 劳凯声主编：《变革社会中的教育权与受教育权：教育法学基本问题研究》，教育科学出版社 2003 年版，第 375 页。

学概念"。① 从上述定义，我们可以发现"惩戒"与"惩罚"在语义上是大体相似的，但是，两者各有侧重：惩戒更强调所采用的否定性制裁的教育效果，注重其戒除目的的达成；而惩罚往往只关注负性强化的取得本身。惩戒中所含的教育性目的更强，更易于被人理解并付诸实践，因而也就更符合中小学情景下的教育制裁的实践目的。② 可见，与"惩罚"相比，"惩戒"这一概念更侧重于"戒"，也就是最终使学生形成良好的行为和观念，而不是"罚"（仅仅是为了让学生体会消极的感受）。"惩戒"一词就表达了"手段—目的"的统一，在更大程度上体现了"教育性"，同时也符合日常生活语言。因此，本书认为，在教育领域，宜采用"惩戒权"，而非"惩罚权"。

2. "惩戒"与"体罚""变相体罚"

在教学实践中，人们往往将"惩戒"与体罚或变相体罚等同起来，从而将对体罚或变相体罚的反对和不满，移植到对"惩戒"的否定和反对上。因此，我们必须对"惩戒"与体罚或变相体罚这两个概念作出辨析。我国《义务教育法》第 29 条规定："教师应当尊重学生的人格，不得歧视学生，不得对学生实施体罚、变相体罚或者其他侮辱人格尊严的行为，不得侵犯学生合法权益。"因此，体罚与变相体罚是一个专门的法律术语，遗憾的是，法律上也没有对"体罚"与"变相体罚"的内涵和外延做明确的界定。因此，本书仍然求助于学术论著中对两者的阐释。

在王焕勋主编的《实用教育大词典》中，体罚是指"用触及身体皮肉等有损身体健康和侮辱人格性质的方式来惩罚学生的方法。如罚站、罚跪、打手心、拧耳朵等，是奴隶社会和封建社会中小学教育中所施行的'棍棒'教育的具体表现形式"③。对两种行为的手段和目的进行分析，我们可以发现"体罚"与"惩戒"是有极大的不同的。首先，从手段上看，体罚往往与对学生的肆意打骂、伤害和虐待联系在一起，从而给学生造成身体和精神上的伤害；而惩戒则是"借由物理上或心理上的强制力"，采取具有非难性或惩罚性的措施，学生因此而感受到某种不利或精神上、身

---

① 顾明远：《教育大辞典增补合订本》，上海教育出版社 1998 年版，第 176 页。

② 劳凯声主编：《变革社会中的教育权与受教育权：教育法学基本问题研究》，教育科学出版社 2003 年版，第 375—376 页。

③ 王焕勋：《实用教育大词典》，北京师范大学出版社 1995 年版，第 446 页。

体上的痛苦。① 其次，从目的上看，惩戒是为了帮助学生真正认识错误，悔过自新，从而"不愿"犯错误；而体罚则是侧重于使学生惧怕皮肉之苦，从而"不敢"犯错误。② 可以说，体罚是惩戒的一种极端方式和手段，其对学生造成的伤害比较大，而教育效果又微乎其微。因此，随着保护学生权利理念的发展，世界各国（包括我国）逐步限制甚至禁止教师使用体罚。在我国，体罚是绝对不允许的，属于违法行为，会受到法律的制裁。

至于"变相体罚"则是我国独有的一个概念。变相体罚是指"学生心理上受折磨、剥夺学生的学习权利或增加额外劳动负担的惩罚，如侮辱、罚劳动、罚作业等，虽然不会造成明显的肉体痛苦，但其影响后果却与体罚异曲同工"③。可见，相对于"体罚"而言，变相体罚的最大特点在于其隐蔽性更强、更难以发现，至于其对学生权利的侵害、身心的伤害等是一致的，甚至有过之而无不及。"惩戒"与"变相体罚"的最大区别在于两者的根本目的是不一样的，惩戒是为了促进学生改正错误、改进行为，最终提高学生的品行、成绩和能力等；而变相体罚则是以侮辱学生、伤害学生的人格尊严为目的，是一种侵权行为，应该受到社会的谴责、法律的制裁。

总之，"惩戒"与"体罚"或"变相体罚"是不一样的，"现代的教师惩戒行为已经逐渐排除体罚的存在"，"人们反对的是体罚本身，并不完全指向惩戒，因为一定的罚戒式手段在教育活动中还是必要的"④。因此，基于教育教学活动的专业性，中小学教师惩戒学生的权力或权利应该受到社会和法律的认可和保护。

二　教师惩戒权的法律属性

权利（Right）与权力（Power）是两个不同的概念。权利一般是指公民和作为民事关系的主体的法人所享有的利益，是"规定或隐含在法律

---

① 周志宏：《教育法与教育改革》，稻香出版社1997年版，第369页。

② 董立山：《自治与法治之间——高校行使惩戒权问题研究》，湖南大学出版社2007年版，第12页。

③ 王红林：《中小学教师惩戒权探讨》，硕士学位论文，华中师范大学，2007年。

④ 劳凯声主编：《变革社会中的教育权与受教育权：教育法学基本问题研究》，教育科学出版社2003年版，第376—377页。

规范中，主体以相对而言自由的资格或能力，作为或不作为的方式获得利益"①。而权力则往往与公权力相联系，是"国家机关代表国家或公共利益以国家强制力为支持而从事一定的行为并对一定的人或物产生实际影响的能力"②。我国著名法理学家公丕祥教授对"权利"和"权力"做了详细的区分③：行使主体不同，权利的行使主体一般是普通公民，而权力的行使主体为国家机关及其工作人员；法律要求不同，权利可以放弃和转让，而权力必须依法行使，不得放弃和转让；运行方式不同，权利是一种自觉、自愿的行为，权力则自始至终与强制力相伴；推定规则不同，权利并不以法律明文规定为限，"法无明文禁止即自由"，而权力只以明文规定为限；等等。

上文对"惩戒"做了详细的界定，但是教师在作出惩戒行为时，其是在行使权力，还是实现自身的权利呢？对于教师的惩戒权是一种权力还是一种权利的定性，目前学界还没有达成统一意见。一方面，有学者主张教育惩戒权是一种权力而非权利，如董立山、湛中乐、陈胜祥等，"教师惩戒权是教师在教育教学过程中依法拥有的对学生的失范行为进行处罚以避免失范行为的再次发生，促进合范行为的产生与巩固的一种权力，是教师的职权之一。"④ 另一种观点以劳凯声、蔡海龙等为典型，他们认为，教师惩戒权是一种复合性的权利，既是教师的职权（Power），也是教师专业权利（Right）的具体内容之一："惩戒权是教师依法对学生进行惩戒的权力，在一定程度上，它也是教师的一种权利。"⑤ 本书比较赞同后一种观点，认为惩戒权是权力与权利的统一体，针对不同的对象、从不同的角度出发，惩戒权既是权利，又是权力。

首先，对于学生而言，教师惩戒权是一种权力，也就是教师的"职权"。中小学教育教学活动中，中小学教师和学生的关系是一种管理与被管理的关系，教师在教育教学活动中处于主导地位，对学生的品行、学习和生活等活动有权力进行管理和指导。教师这种管理学生的权力直接来源

---

① 公丕祥：《法理学》，复旦大学出版社 2002 年版，第 197 页。

② 舒国滢主编：《法理学导论》，北京大学出版社 2006 年版，第 52 页。

③ 公丕祥：《法理学》，复旦大学出版社 2002 年版，第 200—201 页。

④ 陈胜祥：《"教师惩戒权"的概念辨析》，《教师教育研究》2005 第 1 期。

⑤ 劳凯声主编：《变革社会中的教育权与受教育权：教育法学基本问题研究》，教育科学出版社 2003 年版，第 376 页。

于国家教育权与家庭教育权的委托。"站在管理者的角度，教师接受国家、教育行政机关以及学校的委托，有权对教育活动中的学生进行管理，教师具有的这种'权'应看作是国家权力的延伸。"① 同时，虽然我国目前法律没有规定中小学教师的公务员法律身份，但是教师的国家公职人员身份是受到理论和实践的双重认可的，教师是国家财政供养的人员，其行为当然带有国家公权力的影子。此外，与权力相对应的是责任。教师不得放弃惩戒学生的职权，同时也必须依照法律规定，行使惩戒权。如果教师在发现学生行为失范或越轨后，不积极采取惩戒措施，或者没有依照法律规定，在合理限度内行使惩戒权，那么教师就必须承担相应的法律责任。

其次，对于可能干预教师惩戒权形式的其他主体而言，教师惩戒权又是教师的一项"权利"，是教师专业自主权的重要组成部分。教育影响是一个十分庞杂的体系。学生的成长是一个充满矛盾的过程，因此，教育孩子的重要手段，需要慎重选择。② 教育工作是一门专业性很强的工作，而教师是专业人员，这也得到了我国《教师法》的承认。基于教育工作者这一特殊身份，教师享有的专业方面的独有的权利，是其他人所不具备的，这一权利是教师在教育教学过程中体现出来的权利。"惩戒作为教育活动的一种形式，亦可看作是专业性活动的开展。作为教育专业人员的教师，出于教育职业之需要，可以根据专业知识和经验自主作出某些形式的惩戒。"③ 因此，惩戒权是教师专业自主权的重要组成部分。本书之所以强调教师惩戒权的"权利"属性，是为了排除实践中其他相关主体（如家长、校长、政府等）对教师惩戒权的肆意干涉，让教师能够根据自己的教学专业知识和理念，作出专业判断，行使独立的教育惩戒权。

总之，本书认为，教师惩戒权是一种复合性的权利，是权利与权力的统一体。针对不同的主体、在不同的法律关系架构内，教师惩戒权有不同的法律属性。对于学生而言，教师与学生是不平等的法律关系，两者处于管理与被管理、教育与被教育的关系中，因此教师惩戒权从更大程度上讲是一种具有强制性的公权力。而对于可能干预教师专业自主权的其他主体来说，教师惩戒权又是一种"权利"，是教师作为专业人员特有的职业权

---

① 陈胜祥：《"教师惩戒权"的概念辨析》，《教师教育研究》2005 年第 1 期。

② 冉玉霞：《学校教育中的惩罚与学生发展》，北京师范大学出版社 2011 年版，第 1 页。

③ 蔡海龙：《作为复合性权利的教师惩戒权——中小学教师惩戒权的权利性质研究》，劳凯声主编：《中国教育法制评论（第 4 辑）》。

利之一，应该获得法律的承认和保护，不允许他人的随意干涉。值得一提的是，教师惩戒权的这种"双重属性"为本书后面的论述——教师惩戒权的合法性及其规范和控制，奠定了重要基础。

第二节　中小学教师惩戒权的合法性分析

合法性（Legitimacy）是一个内涵极其丰富的概念，在我国台湾地区和香港地区，一般翻译为"正当性"。按照哈贝马斯的观点"合法性意味着，对于某种要求作出正确的和公正的存在物而被认可的政治秩序来说，有着一些好的依据。一个合法的秩序应该得到承认。合法性意味着某种政治秩序被认可的价值"①。可见，合法性即意味着某项事物（如教育政策、某个人的权利义务和责任等）"符合某些普遍性的规则、规范，如法律、社会价值观、意识形态、传统典范乃至社会习惯等，并由此在社会范围内被承认"②。虽然，从古代到现代、从西方到东方，"教师惩戒"作为一种普遍的教育现象一直存在于我们的生活及社会之中，但是，奇特的是，我国教育法律法规中，并没有对教师惩戒权进行规定，导致其作为一项职权也好，专业权利也好，都广受争议和质疑。黑格尔有言"存在即合理"，本书希望通过对中小学教师惩戒权进行合法性分析，寻找教师惩戒权存在的合理性、正当性的理论依据，从而为教师惩戒权的立法工作提供逻辑起点。

一　中小学校与学生之法律关系：修正后的特别权力关系

中小学教师是学校的专业工作人员，其惩戒学生的行为也是在学校领域发生的，因此，教师惩戒学生的行为一定程度上代表着中小学校的行为，教师惩戒权是受学校教育权的委托而行使的。对于教师而言，"惩戒"是主动的，而对于学生而言，意味着"被惩戒"。无论如何，"惩戒"对于学生都是一种负面的、消极的评价。那么，学生为何会心甘情愿"被惩戒"呢？这就必须深入探讨中小学校与学生之间存在什么样的法律

---

① ［德］哈贝马斯：《交往与社会进化》，张博树译，重庆出版社 1989 年版，第 184 页。

② 刘复兴：《教育政策的价值分析》，教育科学出版社 2003 年版，第 47 页。

关系了。目前，学界主要存在以下三种不同的观点。

1. 特别权力关系及其修正

所谓特别权力关系，即基于特别之法律原因，于一定范围内，对相对人享有概括命令之权力，而相对人具有高度服从义务之法律关系。[①] 该理论是大陆法系国家解释公立学校与学生法律关系的主要理论。中国台湾地区的谢瑞智博士认为其有三个特点："公立学校与教师或学生的关系是由教师或学生对公营造物利用关系；在合理的限度内，学校的特别权力在不受法治主义与人权保障之约束的原理下，虽无法理依据，学校也拥有向教师或学生下达各种特别限制的概括支配权力；学校对于现实的各种处分，拥有广泛的自由裁量权，并限制司法审判的介入。"[②] 可见，特别权力关系的主要特点是，学校管理者和教师，为了实现教育目的，在必要的限度内，拥有对学生的概括支配权力。

但是，我们可以很明显地看到，特别权力关系理论过分强调学校和教师的权力，而忽视了学生权利的保护。这一点一直饱受诟病。因此也就有了后来对特别权力关系的修正：首先，特别权力关系范围不断缩小，涉及学生根本或重大利益的事件，不适用特别权力关系，如开除等；其次，基本人权保障原则逐渐适用于特别权力关系，学校在管理学生的同时，必须维护学生的合法权利；最后，司法救济逐渐适用特别权力关系，也就是说，当学生在教师惩戒过程中权利受损的话，其有权提起诉讼，寻求司法救济。

2. 契约关系理论

"迄今为止，所有进步社会的运动，都是一个从'身份到契约'的运动。"契约关系有两个条件：一是契约双方之间的法律关系是平等的，而权利义务则是对等的；二是契约的达成是双方自愿的、自由的，协商达成合意而形成的。日本教育法学家，兼子仁就认为，学校无须区别公立与私立，学校与学生关系具有相同的本质，均属教育契约关系。这一理论"将学生在接受教育时与学生达成的明示或默示的教育合同视为一种与一般民事契约相类似的教育契约，将就读关系视作一种教育契约的履行过程，教育活动也就是教育契约的签订、履行、发生纠纷以及解决纠纷的全

---

① 吴庚：《行政法之理论与实用》，中国人民大学出版社 2005 年版，第 145 页。

② 谢瑞智：《教育法学》，文笙书局 1996 年版，第 65 页。

过程"①。从契约关系理论来看，学生与学校是一种教育自治关系，在这种关系中，学生的受教育权利占主导地位，而国家教育权及其延伸物——学校管理权、教师惩戒权，并非一种支配性的权力，而是一种教育上之非权力性质。

3. 监护权的委托代理关系②

我国法律实务界认为，学校与未成年学生之间是以监护代理制度为基础的民事法律关系。其要点有：学校对学生享有的权利源自学生监护人的授权，即监护人将监护职责中适于学校履行的部分委托给学校，学校并非监护人，而是监护人的代理人，代理履行监护人的某些监护职责；公立学校基于指定代理取得代理监护职责的权利，私立学校则基于委托代理；代理是过错责任制度，学校为学生承担责任也是过错责任制度。

本书认为，上述三种理论在解释中小学与教师关系方面各有侧重，也各有道理。但是，基于我国学校教育的现实情况，本书比较赞同第一种观点，也就是，中小学校与学生之间的法律关系是一种特别权力关系。

在这种特别权力关系下，学校与学生形成一种权利义务不对等的复杂法律关系，体现在教育学话语中，就意味着：学校与学生之间存在着教育与被教育、管理与被管理的关系。一方面，中小学校是由国家利用公共财政建立起来的机构，其基本任务是维护教育公共利益，代表国家向社会公众提供教育服务，同时承担着传播知识、提高国民素质的根本使命。因此，学校享有一定程度上的教育权，能够基于教育目的强制学生履行某些义务。另一方面，学校在学籍管理、教学等方面拥有权力，与学生之间形成管理与被管理的关系。既然学校与学生的法律关系是一种"特别权力关系"，且学校享有教育、管理学生的支配性权力，那么，作为学校工作人员的教师是执行学校教育权、管理权的直接专业人员，其在教育教学和管理活动中，当然有一种"支配性"的权力来对学生的失范行为进行惩戒。

二　惩戒权应属于教师的专业自主权的范畴

我国1993年颁布的《教师法》第7条，明确规定了教师基于专业人

---

① 余雅风主编：《新编教育法》，华东师范大学出版社2008年版，第166页。

② 佟丽华主编：《未成年人法学·学校保护卷》，法律出版社2007年版，第8—16页。

员身份而享有的教育教学专业自主权，其中就包括"指导和评价权"：教师有权指导学生的学习和发展，评定学生的品行和学业成绩。教育活动的特性与中小学生年龄较低的特点，要求中小学教师在教育教学活动中应该保持主导地位，因此就必须赋予教师指导评价权利。此外，指导评价权是学校教育教学活动中专业性较强的一项工作，应保障教师的该项权利，让教师能够运用其专业知识和技能，促进学生个性和能力的发展。指导评价权的基本含义包括：① 教师有权根据学生的具体情况，因材施教，指导学生的学习和发展；教师有权严格要求学生，并对学生的品行依照客观公正的标准作出恰如其分的评价；教师有权运用正确的指导思想和科学的方法促使学生的个性和能力得到充分的发展。

此外，"在一些国家和地区，法律中明文规定教师惩戒权是教师专业权利之一，隶属于教师职权，与教师授课自由权、授课内容编辑权、对学生的教育评价权以及自身进修权等并列为教师基于教师之职业而独立行使的教育权利。"② 虽然我国没有明确规定教师享有惩戒学生的权利，但是，从"指导和评价权"的具体含义，我们可以引申出惩戒权理应属于教师专业自主权的范畴，是教师的职业权利的重要内容，理应受到法律的保护。

三　教师惩戒的社会功能价值：维护学校秩序和班级管理

现代学校教育具有高度制度化的特点，"教育制度中的学校是一个有明确组织目标和严格等级制度的准科层组织形式，班级授课制所带来的'班级'成为制度化教育结构中的典型范例。宏观社会的经济关系和社会关系结构，投射在班级社会关系中。"③ 而在高度制度化的学校教育中，"秩序"就显得尤为重要。人类生活的顺利开展需要秩序，秩序的实现往往需要相应的社会规则、规范，而不可避免的，社会中往往会出现一些违反、破坏社会规则、规范的人。只有对那些违法、违规者进行相应的制裁与处罚，才能体现社会的公正，维护社会生活的有序化。因此，为了维护社会公共利益，保持社会规则的权威（如宪法至上的权威），社会共同体

---

① 黄崴主编：《教育法学》，高等教育出版社 2007 年版，第 188 页。

② 劳凯声主编：《变革社会中的教育权与受教育权：教育法学基本问题研究》，教育科学出版社 2003 年版，第 377 页。

③ 同上书，第 379 页。

就必须对那些违规、失范的公民进行"惩戒"，让其吸取教训，不会再犯，从而达到整个社会有序运行的目标。

人类社会对"秩序"的渴求，投射到学校和班级教育教学活动中，就体现为教师对教学秩序的维护。学生个体是学校、班级系统中的成员，虽然其享有个人权利，但是也必须遵守学校和班级运行的规则，不能逾越规则而恣意妄为。但是，由于中小学生仍然是未满18周岁的未成年人，正处于叛逆期的他们，心智发展还不完善，心理还不成熟，有些观念也比较偏激、冲动，容易作出越轨和失范的行为。这时候就需要教师对其进行惩戒，让其明白学校秩序、班级秩序的重要性，理解学校共同体、班级共同体存在的意义和价值。"没有惩戒，教师就难以维护学校纪律，无法控制课堂秩序，没有惩戒，教师就不能控制顽劣，纠正恶习，没有惩戒，学生就会恃强凌弱，无法无天，没有惩戒，学校就会天翻地覆，乱成一团，因此，教师必须有惩戒权。"[1] 这也就是教师惩戒权的社会功能价值。

四　教师惩戒的个体发展价值：促进学生身心发展

教师惩戒对于学生的个体发展是极其重要的，这一点是教师惩戒具有合法性的最重要的一点。教育的最终目标是"培养人"，因此中小学教师所有的教育教学活动都必须遵循这一目的，必须有利于学生个体的发展。那么，教师惩戒行为是否能够促进学生身心的发展呢？这一点在理论上和实践中都获得认可。

伟大的教育学家赫尔巴特把实现教育目的的手段分为三种：管理、教育性教学和训育，并认为管理是为维护教育教学秩序并为之创造条件。在对儿童进行管理时，他认为"当责备无济于事的时候，人们常常使用体罚的手段；事实上，试图完全排除体罚是徒劳的"。[2] 赫尔巴特同时列出了许多惩戒的手段，如"挨打""挨饿""剥夺自由"等。而我国学者冉玉霞在其博士论文《学校教育中的惩罚与学生发展》中专门研究了惩罚对学生发展的重要作用。她认为，惩罚是对错误行为的矫正，可以发挥制止个体错误行为、引导未来正确行为的作用，而且，从个体的挫折教育来

---

[1]　霍敏捷：《规范教师惩戒权》，硕士学位论文，华中师范大学，2008年。

[2]　［德］赫尔巴特：《普通教育学·教育学讲授纲要》，李其龙译，浙江教育出版社2002年版，第233页。

看，惩罚也是必不可少的。她还详细论证了惩罚对于学生理性因素与非理性因素的发展的积极作用。因此，从理论上，特别是教育心理学角度，教师对学生的惩戒权几乎被一致地认为是合理的教育手段，可以促进学生个体的发展。可见，"教育的核心不是传授知识，而是培养健康人格，或者说教会学生做人"，"完整的教育离不开惩戒"。惩戒不仅仅是教师的权利或权力，更是教师身为教育教学专业人员的重要职责。

第三节　现阶段我国中小学教师惩戒权存在的问题

虽然我国法律并没有明确规定中小学教师享有惩戒学生的权力，但是，在教育教学实践中，教师惩戒学生的违规行为是很普遍的，也是很正常的。然而，也正是因为教师惩戒权立法的不完善，我国中小学教师在行使惩戒权过程中遭遇诸多问题。例如，一方面教师惩戒权的法定依据缺失，导致社会公众对惩戒权有所误解，将惩戒等同于体罚，进而否定教师惩戒学生的权力；另一方面，教师惩戒行为的具体规范不明晰、随意性大，教师惩戒行为处于"无序"状态，因教师惩戒而侵害学生权益的事例时有发生。明晰中小学教师惩戒权存在的问题，有利于问题的深入分析和最终解决。

一　教师惩戒权的相关法律法规与政策处于缺失状态

由于历史原因，我国教育立法不足，这是我国学校教育领域相关主体权利义务关系不明晰的主要原因，在教师惩戒权方面尤其严重。现行教育法律体系中，教师惩戒权并非专有的法律术语，与其相关的只有对"体罚""批评建议"等的规定。

我国现行教育法律明确禁止"体罚或变相体罚"。比如，2006 年修订的《未成年人保护法》第 21 条的规定；1993 年通过的《教师法》第 8 条的规定"制止有害于学生的行为或者其他侵犯学生合法权益的行为，批评和抵制有害于学生健康成长的现象"；2006 年修订通过的《义务教育法》第 29 条的规定"教师应当尊重学生的人格，不得歧视学生，不得对学生实施体罚、变相体罚或者其他侮辱人格尊严的行为，不得侵犯学生合法权益"。

此外，关于中小学教师的批评建议权，《教师法》第 7 条第 3 款规定，教师享有"指导学生的学习和发展，评定学生的品行和学业成绩"的权利；第 8 条第 5 款规定教师要"制止有害于学生的行为或者其他侵犯学生合法权益的行为，批评和抵制有害于学生健康成长的现象"；《教育法》第 28 条规定学校及其他教育机构有"对受教育者进行学籍管理，实施奖励或处分"的权利；《中小学德育工作规程》第 27 条规定"中小学校应当严肃校纪。对严重违犯学校纪律、屡教不改的学生应当根据其犯错误的程度给予批评教育或者纪律处分"；等等。

可见，当前我国教育法律法规对教师惩戒权并无明文规定，同时现有的法律对"禁止体罚或变相体罚"的规定容易引发社会公众的误解。现有的体罚规定由于无相应的配套规定或司法解释，致使体罚、变相体罚与教师惩戒难以界分，导致在发生相关法律纠纷时，教师经常处于劣势，从而导致教师惩戒权在现实中很难运行。此外，关于中小学教师批评建议权的规定，又由于其概念过于宽泛和抽象，且没有相关的法规政策或司法解释对其内涵、外延和具体案例进行阐释，引发教学实践中的混乱。

总之，"立法时的有意回避使我国中小学教师惩戒权缺乏明确的立法依据，给教师惩戒权的正常行使带来了极大的困难。"[1] 由于惩戒权法律规范的缺失，导致包括教师在内的社会公众对于教师惩戒权的合法性存在疑虑，而社会媒体过分放大部分教师不当的惩戒行为，使得公众将反对"体罚"的印象转移到反对"正常的惩戒行为"。以上种种原因导致中小学教师不敢管、不愿管、不能管学生，从而间接损害了设立学校和教师职业的目的：帮助学生成长。因此，很多专家学者和一线教师都呼吁借鉴国际经验，从立法上明确赋予教师惩戒的权力，建立健全教育惩戒法律制度，在承认教师惩戒权合法性的同时，予以规范和控制。

二　教师惩戒权的流失："教师不敢惩戒"

教师惩戒是教育方法和手段的重要组成部分，如前所述，其教育效果已经获得理论上和实践中的检验和认可。但是，我国教育立法没有对教师惩戒权做明确规定，同时随着社会对儿童、学生权利保护意识的提高，教

---

[1]　劳凯声主编：《变革社会中的教育权与受教育权：教育法学基本问题研究》，教育科学出版社 2003 年版，第 428 页。

学活动中教师惩戒权的行使面临困境。山西师范大学的董新良等人对辽宁地区 15 所学校教师惩罚实施情况及中小学生对惩罚的认知情况等，进行了深入的调查研究显示，怕出问题不敢管了的教师占 20.1%，更有甚者，一些教师采取息事宁人的方式，对犯错误的学生连正常批评都不敢，怕伤害了学生的自尊，怕管出事成为被告，致使一些学生的不良行为得不到规范，使教育教学工作难以开展，甚至学生问卷中有 3.3% 的初中学生和 5.2% 的高中学生认为教师"不敢管了"。有 34.1% 的教师对"经常违规违纪的学生，采取的教育方式是找家长"①。

　　由于计划生育制度的推行，我国中小学生大多是独生子女，是家里的小皇帝、小公主，家长们都爱子心切，视孩子为自己的一切，生怕孩子受到一点点伤害，对教师惩戒学生的现象表现得太过"敏感"，甚至有部分家长仅仅由于教师正常行使惩戒权，就将教师告上法庭或者来学校闹事，或侵犯教师的人身健康权利等。而与此同时，我国法律又没有明确规定教师的惩戒权，导致教师的合法权利不能得到维护，行使惩戒权的时候，也不能理直气壮。典型案例如 2008 年的"杨不管事件"。

　　2008 年 6 月 12 日安徽省长丰县双墩镇吴店中学的两名学生在上课时打架导致其中一人病发送医院，授课老师杨某却选择站在三尺讲台上充当"看客"，并不加以制止，而是继续上课直至下课。后学生在医院死亡，杨老师因此被冠以"杨不管"称呼。事情经报道，在公众中引起强烈反响，一些市民直斥杨老师"冷血"，再联系到此前的"范跑跑"事件，不少人认为，"杨不管"比"范跑跑"更为可恶。然而，尽管从事实看，"杨不管"确实应承担责任并接受谴责，但公众舆论对其却也并非一边倒的批判。部分声音以为杨老师的作为有其深刻的根源，有人称杨老师的"不管"，是因为不爱管，更是因为不敢管、管不了。②

　　由此可见，中小学教师因为各种原因不惩戒或不敢惩戒而导致惩戒权的缺失，而惩戒权的缺失又对学生的健康成长造成了非常不利的影响。如上所述，教师惩戒权不单单是教师的职权，更是教师专业自主权的重要组成部分，是教师顺利开展教育教学活动的保障。因此，本书认为，我们必

---

① 冉玉霞：《学校教育中的惩罚与学生发展》，北京师范大学出版社 2011 年版，第 3 页。

② 杨晓顺等：《杨不管事出有因，老师应有惩戒权》，《新华社每日电讯》2008 年 11 月 13 日。

须通过立法赋予教师以合法的惩戒权，对于教师在合理范围内行使的惩戒权予以保护，保护行使合理的惩戒权后不受家长、社会和媒体的无端指责和干预。

三　教师惩戒权的不当使用，侵害学生权益事件时有发生

由于我国教育法律对教师惩戒权没有进行规范和控制，中小学教师在行使惩戒权的过程中也就没有法定的标准、程序等可以遵循，而都是根据自己的理解和把握来对学生进行惩戒。在学校教育活动中，这往往导致教师惩戒权的滥用、不当使用和随意性，最终侵害了中小学生的合法权益。

首先，学校教育中，教师体罚学生的情况仍然屡见不鲜。有些教师错将"体罚"当作"惩戒"，还自认为这是为学生好，或者认为自己的手段虽然粗暴，但是目的是好的。这种辩解之所以会出现，其根本原因就在于混淆了"体罚"与"惩戒"。学校生活中，此类案例层出不穷，典型案例如《广州日报》2010年4月12日报道：9日21：00左右，学生处一位姓马的主任，在办公室教育该校一名违纪学生时，先掴了该生耳光，该生倒地后老师又脚踢学生身体，事发时有学生偷偷拍下手机视频。据介绍，事发后，被打学生已到医院做了相关检查，发现耳朵有些出血。次日中午，家长报警，后来警方介入调查。① 本案例中，虽然学生有违规、违纪行为，但是，马主任的行为很明显已经构成体罚，根据我国现有法律的规定，教师的体罚行为是为法律所禁止的，理应受到法律的严惩。

其次，教师惩戒的随意性过多，既没有固定的标准和程序，也没有保证惩戒的公平、公正。由于没有标准可循，导致教师行使惩戒权随意性较大，部分教师甚至肆意妄为，没有考虑惩戒的方式、程度和危害，甚至对"非违规行为"也进行随意的惩戒。教师在行使惩戒权时具有很大的随意性，不是按照学生违反纪律的轻重程度来惩戒，而是自己想怎么惩戒就怎么惩戒；采用的惩戒方式也极端不合理，有一些方式甚至严重伤害了学生的身心健康和人格尊严。

再次，教师惩戒时缺乏"教育目的"，往往"以惩代教""以罚了事"。如前所述，惩戒一词中，"惩"是手段，"戒"才是目的，学生违规行为的改正、品行的进步等才是惩戒的根本目标。这就要求教师在惩戒学

---

① http://gzdaily.dayoo.com/html/2010-04/12/content_927620.htm.

生时，不单单只有"惩罚"行为，而没有教育行为。然而，实践中，却有不少教师以"时间有限""精力有限"等为借口，"以惩代教""以罚了事"。据调查，当学生违反校规时，"教师耐心教育的只有 30.30%，而采取训斥、赶出教室、找家长的分别占了 17.3%、12.3% 和 25.4%；"当学生不尊重教师时，"耐心批评的只有 18.4%，训斥、赶出教室、找家长的分别为 18.9%、20.1% 和 21%"；当学生旷课后，"教师耐心批评的仅 13.9%，训斥、赶出教室、找家长的分别占 9.1%、6.4% 和 39.8%，其中有 30.2% 的学生受到家长打骂，23% 的学生受到学校处分"①。由此可见，实践中，部分教师行使惩戒权时，专注于手段，而忽视了教育目的，没有体现惩戒的"教育性"。一定程度上，"惩戒"沦落为"惩罚"。

最后，教师惩戒权的不当使用往往会侵犯学生的合法权利。前述的教师对学生的体罚或变相体罚，对学生身心的伤害自不待言。与此同时，教师惩戒学生的过程中，由于对程序、方式、程度等的把握不到位，容易对学生人格尊严和身体健康造成伤害，那就更别谈教育意义了。教师惩戒行为是一种专业化的工作，需要掌握诸多相关的心理知识和技能，而教师惩戒权的不当使用容易在不经意间给学生造成心理伤害，留下心理阴影。"教育活动中无小事"，小时候一件小事情、一个小问题，都有可能影响一个儿童的成长与发展。因此，教师惩戒权的行使，必须慎之又慎！

四　学生权利受到侵害而无法获得救济

"有权利必有救济。"权利救济渠道是否畅通，往往决定着权利是否真实存在。近年来，随着依法治国理念的深入人心，中小学生及其家长的法治素养的提高，中小学生权利因为教师惩戒权的行使不当而受到侵害时，往往会寻求法律救济。但是，现实中，学生权利救济的法律渠道却并不完善。

我国《教育法》第 42 条规定了学生的申诉权，然而并没有对申诉的管辖、实施的具体程序及对申诉不服的救济途径加以细化规定，从而导致在实践中缺乏可操作性。在具体的学生申诉制度还未建立的情况下，学生权利受到侵犯后，就很难通过申诉渠道来维护自身的合法权利。此外，学

---

① 陶文英：《旷课——青少年走向违法犯罪道路的危险信号》，《青少年犯罪研究》1993 年第 3 期。

生的被侵权利从非诉讼途径中得不到救济，只好诉求于法院，但现行的诉讼法对教育纠纷的受理则显现局限性。法院的受案范围狭小，很多案件都被法院以主体不适合拒之门外，即使有的法院受理了案件，也因教育纠纷的特殊性或无法找到判决所需的具有操作性的法律规范而束手无策。再加上诉讼成本相对于学生来说太大，形成不小的压力，所以权利救济机制的不健全导致许多学生的被侵权利根本得不到有效救济。[①]

第四节　认可并规范教师惩戒权，找寻教师权力 与学生权利的平衡点

从上述分析来看，中小学教师惩戒权的存在是具有正当性和合理性的，教师惩戒权是教师专业自主权的重要组成部分，是国家教育权的延伸。而且，在学校教育活动中，相对于学生，教师处于主导地位，必然具有一定的控制权力，这是与教育活动的性质及教师职业的特殊地位息息相关的。教师惩戒权的合理、合法的行使，有利于学生个体素质的发展和提高，有利于学校和班级秩序的改善。但是，如前文所述，由于我国目前教育法理法规中没有对教师惩戒权做明确规定，更别说是规范和控制了，导致实践中教师惩戒权存在诸多问题，教师惩戒权流失情况严重，部分教师不敢管、不愿管、不能管学生，教师专业自主权受到影响，教师的正常教育教学活动受到破坏；与此同时，在部分教师行使惩戒权过程中，随意性过大，甚至体罚或变相体罚学生，严重侵犯了学生的合法权益。因此，本书认为，必须采取有效的对策，解决这些存在的问题，使其走上合理合法的正常轨道。此外，本书认为，教师惩戒权问题并非单单的教师权力或职业权利的问题，更大程度上是教师权力（及其背后的国家教育权）与学生权利两者之间的关系如何平衡的问题。本书的总体主张是：立法认可教师惩戒权，并对其进行规范控制，同时实现教师权力与学生权利两者之间的平衡。

一　完善立法，赋予教师惩戒权合法地位

党的十六大提出要"加强立法工作，提高立法质量，到 2010 年形成

---

① 王红林：《中小学教师惩戒权探讨》，硕士学位论文，华中师范大学，2007 年。

中国特色社会主义法律体系"。教育法是社会主义法律体系的重要组成部分，完善的教育法律体系是教育现代化的重要保证。教育立法是教育法治化、依法治教的前提和基础。我国现有教育法律中仅对"体罚或变相体罚"与教师的"指导、批评和建议权"作出些许规定，而完全没有提及教师惩戒权的问题。目前，教师惩戒权仍然只是学理上进行讨论的一个理论假说而已，并未获得国家公权力的认可。但是，教师惩戒权在教育教学实践中问题重重，教师惩戒权的流失与失控同样严重，"作为实践指导的政策法规不能再对教师惩戒权问题保持沉默，一味回避，而应明确国家态度，通过相应的立法授予中小学教师以合法的惩戒权力，并拟定实施细则将其行使限定在法律允许的范围内"①。如此一来，才能让教师惩戒权有法可依、走向规范的法治化轨道。立法赋予并规范教师惩戒权是世界许多国家和地区的典型做法，如英国、美国、韩国和我国台湾地区。

英国《2006 教育与督学法》赋予了教师使用"合理武力"防止学生实施犯罪行为，制止学生扰乱教学秩序的权力，其中规定"如果学校怀疑有学生携带刀具，校长可以对学生进行群体搜寻，校长还有权在学校大门使用金属探测器或探测棒对学生实施随机、非干扰性的武器搜寻"。根据英国教育标准局 2006 年的报告，"自新法实行以来，学校的纪律状况有了很大的改善。在几乎所有实行惩戒的学校，学生的行为表现都令人满意。但是，仍然有一小部分学生在学校里的行为破坏性极强"②。

在美国，判例法认可教师合理的惩戒学生，高等法院也认为教师有惩戒学生的权力。现在已有 21 个州明确为惩戒权立法，立法中不仅肯定了教师的惩戒权而且对惩戒程序、惩戒方式和惩戒标准都做了详细的规定③。

在韩国，2002 年 6 月 26 日韩国教育人力资源部公布"学校生活规定预示案"，明确授予教师对违纪学生惩戒的权力。而且它同时规定了实施惩戒的程序："1）实施惩戒之前要向学生讲清理由；2）实施惩戒前对学生的身体、精神状态进行检查，必要时可延期进行惩戒罚；3）学生可提出以校内义务劳动来代替惩戒罚；4）惩戒必须在有校监和生活指导教师

---

① 劳凯声主编：《变革社会中的教育权与受教育权：教育法学基本问题研究》，教育科学出版社 2003 年版，第 433 页。

② 李茂：《英国教师获新增法定惩戒权》，《中国教育报》2007 年 4 月 18 日。

③ 尹甲民：《中小学教师惩戒权立法研究》，硕士学位论文，山东大学，2010 年。

在场的情况下进行"①。除此以外，还规定"教师绝对不能用手直接对学生进行体罚，不能当众实施体罚，实施体罚时程度以不在学生身上留下伤痕为准"。对体罚手段和过程，韩国还有详细的规定，比如，"对小学、初中生，用直径1厘米、长度不超过50厘米的木棍，对高中生，木棍直径可在1.5厘米左右，长度不超过60厘米。在体罚中，男生只能打臀部，女生只能打大腿部。实施体罚时，初高中生不超过10下，小学生不超过5下，程度以不在学生身体上留下伤痕为准"②。

在我国台湾地区，对于教师惩戒权的规定在《教师辅导与管教学生办法》中，其对教师惩戒学生的目的、原则、方式作了详细规定。第16条规定："教师管教学生应依学生人格特质、身心健康、家庭因素、行为动机与平时表现等，采取下列措施：一劝导改过、口头纠正。二取消参加课程表列以外之活动。三留置学生于课后辅导或矫正其行为。四调整座位。五适当增加额外作业或工作。六责令道歉或写悔过书。七扣减学生操行成绩。八责令赔偿所损害之公物或他人物品等。九其他适当措施。"第17条规定："依前条所为之管教无效时，或违规情节重大者，教师得移请学校为下列措施：一警告。二小过。三大过。四假日辅导。五心理辅导。六留校察看。七转换班级或改变学习环境。八家长或监护人带回管教。九移送司法机关或相关单位处理。十其他适当措施。"③

从上述英国、美国、韩国和我国台湾地区对教师惩戒权的规定来看，可以总结出关于教师惩戒权立法的相关特点：一是世界各国普遍通过立法承认教师惩戒权的合法性，认为基于教育教学活动的特殊性，教师理应享有对学生的惩戒权；二是上述几个国家或地区对教师惩戒权的规定都很翔实，对惩戒的事由、方式、程度和主体等都有明确的规定，让中小学教师在行使惩戒权时能有法可依，不至于随意进行。这些先进经验都为我国教师惩戒权的立法工作提供了很好的借鉴。

二　提高教师惩戒权的规范程度

单单从立法上承认教师惩戒权的合法性还远远不够，面对实践中教师

---

① 徐志坚：《韩国体罚学生也将有法可依》，《法制日报》2002年6月29日。

② 同上。

③ 霍敏捷：《规范教师惩戒权》，硕士学位论文，华中师范大学，2008年。

惩戒权的滥用情况严重，更重要的是提高教师运用惩戒权的规范程度，保证教师惩戒权行使的合理性。本书认为，可从主体、对象、方式和原则等四个方面，对教师惩戒权进行规范和控制。

1. 教师惩戒权的主体

教师惩戒权的主体解决的是"谁有权行使惩戒权"的问题。在教育实践中，并不是每个人都享有惩戒学生的权力或权利，就算是教师也不能全方位享有惩戒权，不能越权作出某些惩戒行为。"一般来说，惩戒行为不同，其所要求的相应惩戒主体也有所不同，而不同惩戒主体的惩戒权限也是不同的。"① 各个国家或地区对于教师惩戒权的主体都做了规定，明确相关主体的惩戒权限。如我国台湾地区，将学生违规行为从最轻微到最严重分为三级，不同层级的违规行为有不同的惩戒主体。第一级属于学生违反细微的行为规范，或是教室里学习活动的小事件，不构成大的违规行为，由各主管教师自行处理；第二级较严重，如破坏公物、打架、抽烟、阅读不良报刊等，需引用校园性质的规范，其惩戒主体是学校，但不一定是校长或训诫主任，也可以成立一个具有代表性的委员会，由老师、辅导人员、训导人员和家长等组成；第三级是超越校园规范行为，属于社会法律范围，已超越了学校惩戒的范围，应移交司法机关处理。② 可见，教师惩戒权的行使并不是无限的，而是受到学生违规行为的严重程度而定的。

在现行法律体系中，我国并没有专门对"惩戒"的不同主体及其权限作出详细规定，但是，我国《教育法》明确规定了学校有权"对受教育者进行学籍管理，实施奖励或者处分"，如果将"处分"作为一种惩戒的话，目前我国有关法规、规章已经明确指出教师是没有权力处分学生的，教师只有管理学生、批评指导学生的权力。可见，"只有合法的主体才能行使相应的惩戒权，做出适当的惩戒行为。任何非惩戒主体做出的惩戒行为，或者是虽是惩戒主体却做出超越了自身权限范围的惩戒行为均是非法的、无效的，其做法也是不允许的。"③ 因此，教师惩戒权虽然直接来源于学校的委托授权，但是其与学校对学生的惩戒权也是有很大不同的，教师惩戒权往往仅局限于本班级、本课堂中出现的学生违规行为，而

① 劳凯声主编：《变革社会中的教育权与受教育权：教育法学基本问题研究》，教育科学出版社2003年版，第388页。
② 同上书，第389页。
③ 同上书，第390页。

且这种违规行为在程度上应该是较不严重的。目前，我国对教师惩戒权的权限没有做明确规定，导致现实中教师出现一些越权的惩戒行为，侵犯了学生的权益，必须加以解决。

明确教师惩戒权与学校惩戒权两者的管辖领域的不同，教师行使惩戒权的范围主要集中在程度较不严重的违规、失范行为，而且在时间和空间上主要是在本班、本课堂。此外，对于我国教学实践中，教师委托班干部行使惩戒的现象，应该坚决抵制和废除。因为班干部也是学生，并不是惩戒权的合法主体。

2. 教师惩戒权的对象

教师行使惩戒权并不是随意的，其必须针对中小学生的违规和失范行为，只有如此教师惩戒权才具有合法性与合理性。教师惩戒权存在的根本目的是惩治学生的违规行为，使其吸取教训，改正不良行为，符合社会规范的期待。如果学生并无违规或失范行为，那么教师就没必要进行惩戒，如果还进行惩戒，那么就是违法的、不合理的。

学校教育中，学生的违规和失范行为通常可以分为两类："一类是影响教育活动正常秩序的行为，如携带危险品入校、扰乱课堂、打架等；另一类行为则较少影响他人，仅是学生个人的低价值行为，如不专心听课、作弊、逃学等。"一般来说，构成惩戒对象的违规和失范行为必须具备以下几个要件①：一是违规性，也就是说，学生的行为一定要违反规范的性质，并且它所违反的规范是合理的，体现了教育的正当价值要求和合理的社会规范取向；二是破坏性，学生的越轨行为要对学校生活造成某种程度的磨坏，对其他学生有一定的负面影响，并对学生本人的教育和发展造成了阻碍；三是学生自身的过错与过失，即学生越轨行为的产生来自于其认识错误或行为疏忽，既包含一定的故意越轨成分，也包含相当的无意过失成分；四是越轨行为系学生个体行为，越轨者有能力控制其行为的产生与发展。这要求教师在实施惩戒时，必须问清楚违规和失范行为发生的原因，才能认定学生的责任。

上述对学生违规行为要件的认定是十分重要的。实践当中，常常有一些学生因为违反班级纪律（如迟到要罚款的规定）而被教师惩罚，但是，

---

① 劳凯声主编：《变革社会中的教育权与受教育权：教育法学基本问题研究》，教育科学出版社 2003 年版，第 392 页。

实际上班级纪律的内容却是不合法、不合理的。这时候，教师的惩戒行为就是不正当的、不合法的。因此，教师惩戒的对象至少必须满足上述四个要件。当然，教师惩戒权的对象一般来说主要是针对发生在校园内部的违规行为，而且是一种违反班级纪律、学校规定的行为。至于学生触犯法律，作出了违法犯罪行为，那么就应该交由国家公权力机关，如公安机关、法院等进行惩戒。

3. 教师惩戒权的方式

目前，我国教育法律法规与学校内部管理制度中，往往欠缺对教师惩戒权的具体方式和手段的规定，导致教师惩戒不知如何行使。因此本书认为，科学明确的惩戒方式应由教育行政部门进行详细规范，让学生明确，家长了解，体现在学校章程里，老师有法可依，学生有据可查。

结合我国的实际和人们对惩戒方式的认同，并考虑可操作性和可实行性，书文认为在惩戒法中应确立以下惩戒方式作为法定的惩戒方式[1]。一是言语责备。适合于轻微的违纪行为，对于那些初犯或性格内向的学生，往往老师一句话、一个眼神就能制止学生。二是罚站。仅限于上课打瞌睡、走神、回答问题不认真的同学，由上课的老师行使，不准赶出教室外罚站，时间不准超过 10 分钟。三是书面检查。根据情节轻重分三种：只写检查交给老师、在班级当众作检查、在全校大会作检查。四是剥夺特权。只限于正常教学活动以外的与受教育权无关的权利，如课外活动小组、公益活动等。五是带离教室。适合于影响课堂教学正常进行、上课的老师制止不了的，可由班主任或学校管理人员带离教室进行批评教育。六是没收物品。对于学生手中的管制刀具、淫秽物品、非法读物等，应当没收返还家长或上缴公安机关。七是留置办公室。学生拒不悔改、回到教室影响正常上课秩序的，由专门教师进行教育或心理辅导，时间不得超过两节课。八是增加作业。适合于贪玩不认真写作业的，时间应该在合理的限度内，如罚作业重做、抄写一遍生字，等等。此外，对于诸如体罚等惩戒方式，法律也应明确禁止；在义务教育阶段，退学和开除学生，也不应该成为惩戒可选方式。这是为了更好地保护中小学生的受教育权利。

4. 教师惩戒权的原则

由于教育教学活动的复杂性，无论教育立法如何完善，随着时间的推

---

① 霍敏捷：《规范教师惩戒权》，硕士学位论文，华中师范大学，2008 年。

移，也往往无法适应教师惩戒活动的复杂变化。因此，有必要明确教师在行使惩戒权过程中需遵循的几个原则，以原则的形式保证教师惩戒权的合法合理的使用，防止教育立法滞后性带来的弊端。

首先，教师惩戒权必须具有教育性。惩戒只是学校教育中的一种教育手段和方法，其本身并不是目的。促进学生的发展才是惩戒的根本目的。这要求教师在行使惩戒权时必须具有正当的教育目的，教育性贯穿惩戒过程的始终。教师施行惩戒必须出于教育目的：教师惩戒之动机必须是基于教育上的专业判断，有充足理由相信其所为之惩戒行为是有助于学生之学习进步和人格发展的。惩戒是一种不得已而采取的教育手段，支持其合法性与合理性的最根本的前提就在于其必须因教育目的而起，以良好的教育效果为终。

其次，教师惩戒必须符合"正当程序"的原则。西方法谚有言："正义不仅应得到实现，而且要以人们看得见的方式加以实现。"程序正义是西方重要的法律理念。而由于我国的历史原因，往往更加看重实体正义而忽视了程序正义的重要性。所谓正当程序是指"在做出影响相对人权益的行为时，必须遵循正当法律程序，包括事先告知相对人，向相对人说明行为的根据和理由，事中听取相对人的陈述、申辩，事后为相对人提供相应的救济途径，从而保证所做出的行为公开、公正、公平"[1]。中小学生的一般的违纪行为，如仅仅进行言语责备、口头警告等形式的惩戒，其对程序的要求就相对比较低，但是也不是说不需要程序的要求，如教师还是必须将惩戒的理由告知受惩戒的学生；至于当学校对学生的惩戒措施严重或者对学生有重大利益损害，如处分时，则需具备更严格的正当程序要件，并允许学生申诉，维护自己的权利。

最后，教师惩戒必须符合"比例原则"。教师惩戒是一种逼不得已的教育手段，并不是教师做出更高频率的惩戒行为就更好。"所谓比例原则是指权力的行使，其目的和所采取的手段之间必须符合一定的比例。其本身又包含三个次要原则，即妥当性原则、必要性原则和均衡原则。"[2] 具体体现在教师惩戒行为方面，比例原则要求教师惩戒行为"不能因小过而重罚、罚过不相当和责过失衡，应当保护受教育者的合法权益"。总

---

① 余雅风主编：《新编教育法》，华东师范大学出版社 2008 年版，第 193 页。

② 同上。

之，在行使惩戒权的同时，必须把教育目的牢记于心，不可本末倒置。

三　完善中小学生惩戒救济渠道

惩戒是一种带有惩罚性的教育措施，其必然对学生权益构成一定的限制和侵害，在实践中因惩戒引发的学生与教师、学校之间的纠纷亦不少见。当中小学教师行使惩戒权过度或不适当时，就会侵犯中小学生的合法权利，因此，必须完善学生权利的救济渠道。现代社会纠纷解决机制呈现多元化趋势，每一种手段都有其独到之处与合理之处，但就学生惩戒问题而言，目前只有申诉和诉讼两种是最有效的——二者均由法律予以明确规定，并且在现实中已有一些有益的尝试。①

首先，在现有法律基础上，完善学生申诉制度，使学生申诉权得以真正实现，明确学生申诉的条件、对象、事由及时限，使学生申诉制度名副其实，真正成为保护学生权益的有效武器。其次，解决教师惩戒侵犯学生权利的诉讼案件受理问题，让学生在起诉教师的侵权行为时，不至于被法院拒绝或驳回。《教育法》第 42 条已经对学生赋予了部分的诉讼权利，即对学校、教师侵犯学生人身权、财产权之事项可以寻求司法保护。实践中中小学生因惩戒遭受权利损害多提起民事诉讼。但鉴于教师惩戒权的"公权力"性质，引入行政诉讼也是十分必要的。

---

① 郑重：《学校惩戒之法律问题研究》，硕士学位论文，中国政法大学，2009 年。

参 考 文 献

一　著作

1. ［德］哈贝马斯：《交往与社会进化》，张博树译，重庆出版社 1989 年版。

2. ［德］赫尔巴特：《普通教育学·教育学讲授纲要》，李其龙译，浙江教育出版社 2002 年版。

3. 陈鹏、祁占勇：《教育法学的理论与实践》，中国社会科学出版社 2006 年版。

4. 陈韶峰：《中小学教师的任用及其纠纷的处理》，教育科学出版社 2009 年版。

5. 董立山：《自治与法治之间——高校行使惩戒权问题研究》，湖南大学出版社 2007 年版。

6. 公丕祥：《法理学》，复旦大学出版社 2002 年版。

7. 龚向和：《教育权论》，中国人民公安大学出版社 2004 年版。

8. 顾明远：《教育大辞典增补合订本》，上海教育出版社 1998 年版。

9. 黄崴主编：《教育法学》，高等教育出版社 2007 年版。

10. 姜小川：《宪法》，中国人民公安大学出版社 1999 年版。

11. 劳凯声、郑新蓉等：《规矩与方圆——教育管理与法律》，中国铁道出版社 1997 年版。

12. 劳凯声主编：《变革社会中的教育权与受教育权：教育法学基本问题研究》，教育科学出版社 2003 年版。

13. 劳凯声：《教育法论》，江苏教育出版社 1992 年版。

14. 韩德培、李龙主编：《人权的理论与实践》，武汉大学出版社 1995 年版。

15. 李晓兵：《热点教育纠纷案例评析之教师篇》，中国法制出版社 2007

年版。

16. 刘复兴:《教育政策的价值分析》,教育科学出版社 2003 年版。

17. 潘世钦等主编:《教育法学》,武汉大学出版社 2004 年版。

18. 秦梦群:《美国教育法与判例》,北京大学出版社 2006 年版。

19. 全国十二所重点师范大学联合编写:《教育学基础》,教育科学出版社 2002 年版。

20. 冉玉霞:《学校教育中的惩罚与学生发展》,北京师范大学出版社 2011 年版。

21. 申素平:《教育法学:原理、规范与应用》,教育科学出版社 2009 年版。

22. 舒国滢主编:《法理学导论》,北京大学出版社 2006 年版。

23. 王焕勋:《实用教育大词典》,北京师范大学出版社 1995 年版。

24. 王利明、徐明、杨立新:《人格权法新论》,吉林人民出版社 1994 年版。

25. 王利明等:《民法学》,法律出版社 2008 年版。

26. 吴庚:《行政法之理论与实用》,中国人民大学出版社 2005 年版。

27. 谢鹏程:《公民的基本权利》,中国社会科学出版社 1999 年版。

28. 熊文钊:《少数民族受教育权保护研究》,中央民族大学出版社 2010 年版。

29. 颜运秋:《公益诉讼理念研究》,中国检察出版社 2002 年版。

30. 杨汉平:《教师与学校权益法律保护》,西苑出版社 2001 年版。

31. 杨立新:《人格权与新闻侵权》,中国方正出版社 1995 年版。

32. 杨立新:《人权法论》,中国检察出版社 1996 年版。

33. 余雅风主编:《新编教育法》,华东师范大学出版社 2008 年版。

34. 张民安:《现代法国侵权责任制度研究》,法律出版社 2003 年版。

35. 张千帆:《宪法学》,法律出版社 2008 年版。

36. 张文显:《法理学》,法律出版社 1997 年版。

37. 张新宝:《隐私权的法律保护》,群众出版社 1997 年版。

38. 张新宝:《侵权责任构成要件研究》,法律出版社 2007 年版。

39. 郑良信:《教育法通论》,广西教育出版社 2000 年版。

40. 周志宏:《教育法与教育改革》,稻香出版社 1997 年版。

二　期刊及报纸

1. 陈胜祥：《"教师惩戒权"的概念辨析》，《教师教育研究》2005 年第 1 期。

2. 成有信：《教师职业的公务员性质与当前我国师范院校的公费干部学校特征》，《教育研究》1997 年第 12 期。

3. 程愈等：《教师安全需要保护伞》，《中小学管理》2010 年第 7 期。

4. 蔡海龙：《作为复合性权利的教师惩戒权——中小学教师惩戒权的权利性质研究》，劳凯声主编，中国教育法制评论第四辑。

5. 范履冰：《我国教育公益诉讼制度的建构探析》，《现代法学》2008 年第 5 期。

6. 韩欣等：《增强中小学教师聘任合同的规范性》，《中小学管理》2006 年第 8 期。

7. 解立军：《教师的民主管理权不容侵犯》，《人民教育》2004 年第 17 期。

8. 劳凯声、蔡金花：《教师法律地位的历史沿革及改革走向》，《中国教育学刊》2009 年第 9 期。

9. 劳凯声：《在义务教育阶段建立教育公务员制度的思考》，《中国教育报》2009 年 2 月 12 日第 1 版。

10. 李龙刚、银小贵：《论公民受教育权内容的有机构成》，《法制与经济》2007 年第 7 期。

11. 陶文英：《旷课——青少年走向违法犯罪道路的危险信号》，《青少年犯罪研究》1993 年第 3 期。

12. 万金店：《中美教师解聘制度比较研究》，《国际关系学院学报》2009 年第 5 期。

13. 万勇：《关于教师地位的建议》，《全球教育展望》1984 年第 4 期。

14. 吴小贻：《教师专业自主权的解读及实现》，《教育研究》2006 年第 7 期。

15. 吴志宏：《把教育专业自主权回归教师》，《教育发展研究》2002 年第 9 期。

16. 徐志坚：《韩国体罚学生也将有法可依》，《法制日报》2002 年 6 月 29 日。

17. 杨大超：《完善我国中小学民主管理机制的对策》，《教育科学》2009年第12期。
18. 鱼霞、申素平等：《教师申诉制度研究》，《教师教育研究》2005年第3期。
19. 王岱：《教师，你有权利说不》，《南方周末》2001年1月4日。
20. 邹敏：《未成年学生校园伤害事故中的学校民事责任——兼评2010年7月1日起实施的〈侵权责任法〉之相关规定》，《首都师范大学学报（社会科学版）》2010年第6期。
21. 劳凯声：《中小学生伤害事故及责任归结问题研究》，《北京师范大学学报（社会科学版）》2004年第2期。
22. 李登贵：《西方主要国家学校事故赔偿法制的比较研究》，《内蒙古师范大学学报》2003年第4期。
23. 许杰：《美国公立学校学生伤害事故中过失侵权的认定》，《比较教育研究》2004年第5期。

三　学位论文

1. 高淑贞：《论受教育权》，博士学位论文，吉林大学，2007年。
2. 郭峰：《论隐私权的法律保护》，硕士学位论文，华东师范大学，2004年。
3. 霍敏捷：《规范教师惩戒权》，硕士学位论文，华中师范大学，2008年。
4. 李丹：《制度变迁视角下中小学教师聘任制问题研究》，硕士学位论文，西南大学，2008年。
5. 李庆涛：《论平等受教育权》，硕士学位论文，山东大学，2007年。
6. 李潇潇：《论公民受教育权的宪法保障》，硕士学位论文，西南政法大学，2008年。
7. 刘晓燕：《中小学教师聘任制研究》，硕士学位论文，上海师范大学，2004年。
8. 宋细咏：《教师权利及其法律保护》，硕士学位论文，华中师范大学，2007年。
9. 王红林：《中小学教师惩戒权探讨》，硕士学位论文，华中师范大学，2007年。

10. 王震：《农民工受教育权立法保障初探》，硕士学位论文，中共中央党校，2006 年。

11. 尹甲民：《中小学教师惩戒权立法研究》，硕士学位论文，山东大学，2010 年。

12. 张立云：《论流动儿童受教育权》，硕士学位论文，山东大学，2008 年。

13. 郑重：《学校惩戒之法律问题研究》，硕士学位论文，中国政法大学，2009 年。

14. 朱鲜良：《我国中小学教师权利保障问题研究》，硕士学位论文，江西师范大学，2010 年。